INTRODUÇÃO À CRÍTICA DA FINANCEIRIZAÇÃO:
MARX E O MODERNO SISTEMA DE CRÉDITO

GUSTAVO MOURA DE CAVALCANTI MELLO
PAULO NAKATANI (ORGS.)

INTRODUÇÃO À CRÍTICA DA FINANCEIRIZAÇÃO:
MARX E O MODERNO SISTEMA DE CRÉDITO

1ª edição
Expressão Popular
São Paulo – 2021

Copyright © 2021 by Editora Expressão Popular

Produção editorial: Miguel Yoshida
Revisão: Aline Piva e Lia Urbini
Projeto gráfico: ZapDesign
Diagramação e capa: Gustavo Motta

Dados Internacionais de Catalogação-na-Publicação (CIP)

I61   Introdução à crítica da financeirização: Marx e o moderno sistema de crédito / Gustavo M. de C. Mello, Paulo Nakatani (Orgs.). --1. ed.-- São Paulo : Expressão Popular, 2021.
160 p. : il.

ISBN 978-65-5891-044-2

1. Financeirização. 2. Capital fictício. 3. Sistema de crédito. 4. Capitalismo. 5 Capital (Economia). 6. Marx, Karl, 1818-1883. I. Mello, Gustavo M. de C. II, Nakatani, Paulo. III. Título.

CDU 330.146

Elaborada por: Eliane M. S. Jovanovich - CRB 9/1250

Todos os direitos reservados. Nenhuma parte deste livro pode ser utilizada ou reproduzida sem a autorização da editora.

1ª edição: novembro de 2021

EXPRESSÃO POPULAR
Rua Abolição, 197 – Bela Vista
CEP 01319-010 – São Paulo – SP
Tel: (11) 3112-0941 / 3105-9500
livraria@expressaopopular.com.br
www.expressaopopular.com.br
🇫 ed.expressaopopular
🇴 editoraexpressaopopular

Sumário

Apresentação 7
Gustavo Moura de Cavalcanti Mello

Teoria social e crítica da
Economia Política: questões de método 13
Victor Neves e Lívia de Cássia Godoi Moraes

Imperialismo e capital financeiro 31
Mauricio de Souza Sabadini e Fábio Campos

O capital em movimento:
dos ciclos às formas autonomizadas do capital 53
Adriano Lopes Almeida Teixeira e Helder Gomes

O capital portador de juros em Marx 69
Olga Pérez Soto e Gustavo Moura de Cavalcanti Mello

O sistema de crédito moderno 89
Paulo Nakatani e Henrique Pereira Braga

As formas concretas e derivadas
do capital portador de juros 105
Paulo Nakatani

O papel do Estado no moderno sistema de crédito 125
*Merci Pereira Fardin, Rafael Breda Justo
e Pedro Rozales Rodero Dominczak*

A atualidade da crítica de Marx ao sistema de crédito 145
Gustavo Moura de Cavalcanti Mello

Sobre os autores 155

Apresentação

Gustavo Moura de Cavalcanti Mello

Este livro é resultado de um esforço coletivo por parte de membros do Grupo de Estudos Financeirização e Dinheiro Mundial, vinculado ao Programa de Pós-graduação em Política Social da Universidade Federal do Espírito Santo. Como o nome indica, esse grupo tem entre os seus objetivos investigar um dos traços fundamentais do capitalismo contemporâneo, a financeirização, a partir de uma perspectiva crítica que encontra na obra de Marx análises e categorias decisivas. Além de construir uma interpretação própria desse fenômeno – em meio a tantas outras dentro e fora do marxismo –, o grupo compartilha esses conhecimentos com todos e todas que procuram entender o mundo que nos cerca, de modo a melhor direcionar seus esforços para combater as tantas mazelas que o capitalismo só faz aumentar.

Como muitas vezes as discussões teóricas sobre o capitalismo contemporâneo são feitas de maneira muito técnica, em círculos mais ou menos fechados no interior das universidades, quando falamos de categorias como capital portador de juros, capital fictício e mesmo sobre financeirização ou sobre o sistema de crédito, isso soa muito distante de nossas vidas, ou parece algo impossível de compreender. As páginas que seguem são animadas por uma visão bem diferente, afinal, sabemos que a dinâmica econômica afeta diretamente todo o conjunto da nossa reprodução social, em sociedades nas quais até as crises e as pandemias fazem a fortuna dos bilionários se multiplicar, enquanto bilhões de pessoas vivem em situação de grande precariedade e desespero. E sabemos também que, nas últimas décadas, um dos principais instrumentos de aprofundamento dessas desigualdades é justamente a preponderância, ou a *dominância*, das finanças, cuja "lógica" passa a pautar a acumulação de capital, a colonizar o Estado, determinando o conjunto de políticas econômicas e sociais e a reger até mesmo nosso cotidiano. Como veremos, mesmo quando compramos um pãozinho na padaria estamos alimentando as teias da financeirização, e nos enredando nelas.

Se estamos aprisionados e cada vez mais esmagados por essa dinâmica, é uma tarefa política compreendê-la, pois sem entender sua lógica, suas características e suas contradições, nossa posição na luta de classes fica desfavorecida. Para tanto, estruturamos este livro da seguinte forma: começamos com uma introdução em que são apresentadas algumas questões metodológicas que ajudam a entender o campo teórico do qual partimos, o da crítica da Economia Política, em contraposição à ciência burguesa. Dentre essas questões, se destacam a da necessidade de se adotar o ponto de vista da totalidade, compreendendo nossa realidade social a partir do caráter histórico e contraditório do capitalismo; bem como a necessidade de se buscar a natureza interna dos fenômenos econômicos e sociais, ou de se investigar a relação entre essência e aparência, entre outras.

O capítulo seguinte, "Imperialismo e capital financeiro", apresenta alguns importantes debates no interior do marxismo sobre a categoria de capital financeiro, decisiva para a compreensão do fenômeno do imperialismo. Ganha destaque aqui a análise da relação entre a produção industrial e o sistema de crédito, em particular o sistema bancário; da tendência à formação de grandes monopólios concorrendo em escala mundial por oportunidades de investimento – produtivos e especulativos – e por mercados cativos, tanto de insumos, de força de trabalho e de consumidores; da relação entre esses grandes grupos econômicos e os Estados nacionais; do acirramento da concorrência entre capitalistas e entre Estados, e da corrida bélica que deu origem às duas grandes guerras mundiais.

A partir daí, passamos a trilhar um percurso de apresentação de importantes categorias e análises construídas por Marx que, conforme procuramos demonstrar, são fundamentais para a compreensão tanto do debate clássico sobre o capital financeiro quanto da financeirização que caracteriza o capitalismo contemporâneo. Nesse sentido, o terceiro capítulo, intitulado "O capital em movimento", tem como ponto de partida uma parte menos estudada da obra de Marx, aquela que trata da circulação do capital, e que serve de base para analisar as chamadas formas funcionais do capital (capital-produtivo, capital-dinheiro e capital-mercadoria). Essa investigação nos levará diretamente à análise da concorrência entre capitais, no interior da qual ocorre a autonomização daquelas formas funcionais, ou seja, o surgimento do capital de comércio de mercadorias e de dinheiro e, a partir daí, o capital-portador de juros e o capital fictício.

A discussão sobre essas duas últimas categorias é o tema do capítulo seguinte, "O capital portador de juros em Marx", em que resgatamos de forma mais detalhada o modo como elas são apresentadas n'*O capital*, e tratamos de questões como a relação entre mais-valia e juros, a maneira como são determinadas as taxas de juros, a emergência do capital bancário e seu papel na produção e disseminação do dinheiro de crédito, entre outras categorias.

Com isso, temos os elementos para tratarmos do crédito e da emergência do moderno sistema de crédito, que é o tema do quinto capítulo, intitulado, justamente, de "O sistema de crédito moderno". Contrapondo as relações de crédito e endividamento pré-capitalistas com aquelas que emergiram na modernidade, e analisando a história interna do capitalismo, mostramos como o processo concorrencial é atravessado de modo cada vez mais pleno pelo sistema de crédito. Além disso, e assim como no capítulo anterior, se demonstra que o capital portador de juros, o capital fictício e o desenvolvimento do sistema de crédito aprofundam o fetichismo do capital, que parece aqui se acumular por si próprio, sem a imprescindível mediação da exploração do trabalho. Tais relações submetem de modo cada vez mais profundo as empresas, seus proprietários, os Estados nacionais e mesmo os trabalhadores – na condição de consumidores –, a uma espiral de endividamento e de operações de crédito que constitui um poderoso aparato de dominação social.

O sexto capítulo, "As formas concretas e derivadas do capital portador de juros", trata das diferentes formas de capital fictício não apenas como elas existiam na época de Marx – ações, debêntures, títulos da dívida pública, parcela importante do capital bancário –, mas também em suas manifestações na época atual, como é o caso dos chamados derivativos. Além disso, se dedica a apresentar o papel que as formas do capital-dinheiro e as diferentes formas de capital fictício desempenham na acumulação de capital.

Em "O papel do Estado no moderno sistema de crédito", a atenção se volta para o estudo do surgimento e das funções desempenhadas pelos bancos centrais. O caráter anárquico da produção capitalista, bem como a sucessão de crises e turbulências que ela produz, marcadas por contração econômica, corridas bancárias, ondas de falência e também como as profundas mudanças nas funções do dinheiro (como medida de valores, meio de circulação, meio de pagamento e assim por diante) tornou necessária a criação de instituições e de políticas estatais que atuassem diretamente na emissão dos meios de circulação, no movimento das taxas de juros e na produção e reciclagem do capital fictício. Como sabemos, além de catapultar os ganhos especulativos das grandes empresas, cada vez mais o Estado atua para salvar o grande capital em contextos de crise, transferindo para a população trabalhadora os seus custos; nessa tarefa, os bancos centrais exercem um papel muito relevante.

Por fim, o livro termina com uma curta reflexão sobre "A atualidade da crítica de Marx ao sistema de crédito", que retoma um conjunto de considerações feitas ao longo de todo esse percurso para lembrar a profunda relação que existe, de um lado, entre os tropeços da acumulação de capital em escala mundial, que salta de crise em crise e se encontra imersa numa tendência de estagnação, e o fenômeno da financeirização, e, de outro, entre essas contradições do capitalismo contemporâneo e a crescente voracidade do capital, que não para de reproduzir mazelas sociais e ambientais em escala cada vez mais ampla e destrutiva.

Por isso, concluímos que não há espaço nesse contexto para alimentarmos ilusões reformistas, e a construção de organizações, programas e ações revolucionárias é nada menos que uma questão de sobrevivência. O resgate do pensamento de Marx e de outros críticos radicais do capitalismo faz parte desse esforço, e é com esse espírito que convidamos à leitura dessa nossa contribuição ao debate da financeirização.

Teoria social e crítica da Economia Política: questões de método

Victor Neves
Lívia de Cássia Godoi Moraes

> *Toda filosofia é prática, inclusive aquela que, à primeira vista, parece a mais contemplativa; o método é uma arma social e política* [...].
> — Jean-Paul Sartre [*Questões de método*]

Introdução

Este livro não trata de ficção, fantasias e invenções; trata da realidade da vida das pessoas. Ainda que o tema da "financeirização" pareça muito distante da vida cotidiana de cada um e cada uma de nós, ele está mais presente do que se possa, em princípio, imaginar.

Não estamos aqui no terreno puro da Economia, com textos cheios de gráficos e com uma linguagem inacessível, mas sim na área da *teoria social*, o que fará muito sentido, já que todos e todas existimos e vivemos nossas vidas em sociedade. A partir da *crítica da Economia Política*, buscaremos encontrar os enlaces da teoria com a nossa realidade concreta.

Para realizar esse exercício, que é mais do que uma descrição da nossa realidade, vamos nos utilizar de *categorias* para explicar o que parece invisível, ou misteriosamente escondido a olho nu. A teoria é como uma lente que vai nos auxiliar a ver o que está presente em nosso dia a dia, mas que não é fácil enxergar.

A teoria, essa lente especial, não vem sozinha; ela precisa que um *método* a acompanhe. Ou seja, não se trata apenas de um "instrumento", mas de uma forma especial de olhar e pensar essa realidade.

Nenhum/a de nós está descolado/a da realidade concreta, somos parte dessa existência que resulta de um longuíssimo processo histórico. Então o método não deve ser desvinculado da história, nem das disputas em torno dele. Afinal, a luta política não se dá apenas no concreto da nossa existência, mas também no campo das ciências (Löwy, 1995).

Assim, iniciaremos nossa exposição sobre o método situando historicamente a Economia Política e sua crítica, no âmbito da teoria social. Em seguida, vamos avançar sobre como nós, autores e autoras do livro, procedemos na investigação e exposição de nosso objeto, o capital financeiro e/ou fictício.

Teoria social e Economia Política

Nós, seres humanos, sabemos muitas coisas, inclusive, algumas tão naturalizadas que nem lembramos de ter aprendido. Saberes são parte de nosso dia a dia. Mas a *teoria* é uma forma particular de conhecimento que se diferenciou, ao longo da história, com avanços e recuos, de outras como as artes, as religiões, a magia e o materialismo espontâneo e prático da vida cotidiana.

Quando falamos em teoria social, estamos tratando desse exercício de elaborar no pensamento reproduções do que existe socialmente, conceituando-o. Tal conhecimento é sempre aproximativo, reproduzindo a realidade intensivamente, diferenciando o que é essencial do que é contingente ou casual. Ele não é a reprodução do todo como num espelho: trata-se antes da reconstituição mental de suas tendências fundamentais, das leis de seu movimento, de seu transformar-se. Daí a importância indispensável da história na constituição do conhecimento social.

A religião era a principal forma de conhecimento – do mundo e da vida social – nas formas sociais anteriores à capitalista. Estas entram em declínio com o desenvolvimento do modo de produção capitalista e com elas entram em crise sua maneira de interpretar o mundo e as modalidades de dominação política relacionadas a elas. A teoria social supõe, nesse contexto, pensar racionalmente o social, admitir que é possível conhecê-lo, sondar relações de causa e efeito, questionar sobre as direções e as tendências de seu movimento. O sentido disso é que se torna possível, com a mediação da razão, compreender e transformar o mundo; emancipar-se de constrangimentos estranhos à autodeterminação humana; descobrir potencialidades latentes na sociedade, desenvolvendo-as e universalizando-as; ampliar as margens da liberdade humana; adequar a própria vida social e suas relações a projetos, não se submetendo passivamente a seu desenrolar (Marcuse, 2004, p. 219-224).

A teoria social é, portanto, parte da cultura da modernidade (Netto, 2011a). Afinal, foi no interior desta que se operou a substituição da obediência à autoridade, do tradicionalismo e do dogmatismo pelas exigências da razão (como a autonomia intelectual, a verificabilidade como condição do conhecimento, a necessidade da dúvida, como se pode ver claramente, por exemplo, no *Discurso do método* ou nas *Meditações* de Descartes). Foi por meio da teoria social, articulando seus valores a uma concepção de mundo teoricamente fundada, que a burguesia ascendente soldou ideologicamente sua hegemonia sobre amplos setores da sociedade, tendo constituído, a partir daí, as condições propriamente políticas para sua ascensão revolucionária como classe dominante – calcada materialmente sobre sua preponderância nos planos econômico e social, que se consolidou entre os séculos XVII e XIX.

Para Lukács (1966) a burguesia estava, entre o século XVII e inícios do XIX, em seu "período heroico", marcado pelo anseio por transformações profundas e por ilusões e autoenganos progressistas. Esse período começa a se encerrar com a ascensão da burguesia à condição de classe dominante por meio das vitórias em suas revoluções, em pontos-chave do sistema capitalista então em consolidação – pense-se aqui na Revolução Gloriosa Inglesa (1688), na Guerra de Independência Estadunidense (1776-1789), na Revolução Francesa (1789-1815).

Foi como culminação da teoria social da burguesia ascendente, produzida nesse período, que nasceu "a maior e mais típica ciência nova da sociedade burguesa": a *Economia Política* (Lukács, 2010). Isso aconteceu aproximadamente entre a segunda metade do século XVII (com William Petty e Pierre de Boisguillebert) e a primeira metade do século XIX (com David Ricardo e Jean de Sismondi), simultaneamente nas nações então emergentes de França e Inglaterra (Marx, 2008, p. 81-92).

Economia Política e sua crítica

Já vimos que as Revoluções Inglesa e Francesa estão muito ligadas ao advento da teorização específica do social. Elas expressam pontos culminantes do processo ao longo do qual a burguesia europeia se constituía em classe social e economicamente superior, soldando valores, e uma concepção de mundo, em oposição à sociedade feudal. A afirmação da superioridade da teoria sobre o dogma (acreditar sem ver, via fé) expressa na Economia Política e na filosofia das Luzes, por exemplo, foi importante momento ideológico no processo de superação do Antigo Regime.

A Economia Política clássica, enquanto teoria social formulada e empregada em estreita relação com uma classe ascendente econômica, política e socialmente, teve, em seus representantes máximos, duas características centrais (Teixeira, 2000).

A primeira é que, tendo por objeto as relações sociais próprias à atividade econômica – esta entendida como processo de produção e distribuição de riquezas que satisfazem a necessidades socialmente postas –, ela visava fundamentar teoricamente a explicação e a compreensão do conjunto das relações sociais que então surgiam e se consolidavam. O objetivo era, aqui, habilitar seus estudiosos a produzir recomendações de ordem prática para a organização da vida econômica e social.

Se, por um lado, isso reforçava seu caráter instrumental, ou seja, uma tendência à *manipulação* de variáveis no âmbito da vida social, trazia impresso, por outro, o selo do *compromisso com a totalidade*. Afinal, para transformar a sociedade – e era disto que se tratava: formar a sociedade burguesa, enterrando de vez o

Antigo Regime – era necessário compreendê-la globalmente. O programa orientador da Economia Política clássica era, portanto, o de constituir um elenco articulado de ideias, fundando uma visão de conjunto da vida social, abrangendo aspectos econômicos, morais, sociais, políticos.

A segunda característica central dessa teoria, também relacionada a seu caráter de instrumento nas mãos da burguesia ascendente, foi a *naturalização* das noções e problemas com que trabalhava. Mesmo seus autores mais destacados entenderam as principais categorias com que operavam como naturais, eternas, invariáveis, no tocante à sua estrutura fundamental. Pode-se dizer que havia aí certo otimismo: bastaria à razão humana descobrir as categorias centrais, determinantes da produção de riqueza e, a partir daí, manejá-las corretamente para garantir a conquista de elevados objetivos – como a elevação geral do padrão de vida e o enriquecimento nacional. Alguns exemplos de seus pressupostos seriam: os homens e as mulheres já nascem egoístas, o que, naturalmente, colocam-nos em concorrência; existe uma mão invisível no mercado que o autorregula a partir da oferta e procura, dentre outros.

O desenvolvimento da Economia Política traz, em seu bojo, a contradição de, ao querer transformar a realidade, que ainda arrastava em seu interior práticas feudais, ter que ultrapassar o terreno das aparências. Isso ocorria especialmente na medida em que precisavam demonstrar, por um lado, os limites da forma social decadente e, por outro, as possibilidades de solução em formas novas.

Essa teoria social entrou definitivamente entre as décadas de 1830 e 1850. Nesse curto espaço de tempo, manifestou-se uma profunda mudança de qualidade na posição dessa classe frente à vida social, plena de implicações quanto a sua concepção de mundo: ela, de classe interessada na transformação das relações sociais, políticas e econômicas vigentes, passou a ser a principal interessada em sua manutenção. Agora era ela a classe dominante.

No âmbito específico da teorização sobre a sociedade, tal deslocamento se desdobrou no surgimento do "pensamento conservador" (Netto, 2011b), pois a estrutura que a mantinha como classe dominante deveria ser preservada. Este advogava que, no tocante à necessidade e à possibilidade de desenvolvimento das sociedades burguesas, as instituições poderiam e deveriam, sim, evoluir e ser aperfeiçoadas – mas somente por meio de reformas graduais e não por meio de revoluções. Seria necessário sempre combinar o não inteiramente novo ao não inteiramente obsoleto, evitando que métodos violentos, vistos como deploráveis, obscurecessem objetivos considerados louváveis.

Até aquele momento, os trabalhadores não haviam ainda afirmado um projeto societário globalmente alternativo ao burguês. A constituição do proletariado enquanto classe autônoma – expressa na luta por uma república social, em meados do século XIX, na qual se ultrapassasse o caráter meramente formal da universalidade, da autonomia, da liberdade e da igualdade burguesas – trouxe à tona a contradição entre o mundo que vinha de ser inaugurado e um outro que se queria inaugurar.

A burguesia tomou consciência de que as armas que havia forjado contra o feudalismo se voltavam contra ela: toda a cultura que florescera no período anterior, fundada na razão, no conhecimento da história, na desmistificação da vida social, na crítica da autoridade pessoal ou tradicional, fornecia agora instrumentos para o proletariado que podia, escorado naqueles mesmos elementos, denunciar os limites do mundo burguês e se insurgir contra eles (Marx, 2011a).

A fratura política entre burguesia e proletariado se refletiu, no plano da teoria, numa *fratura na apropriação da herança cultural da modernidade* por parte de tais classes (Engels, 1982). Isso vale também para a Economia Política: em sua forma clássica, foi abandonada pela burguesia conservadora, e, por outro lado, submetida à crítica pelo proletariado – como parte do processo de fundação de uma nova teoria social pós-1848. Aquela ciência, que expressava os ideais da burguesia revolucionária, se tornou incompatível com os interesses da burguesia conservadora que teve de abandonar diversas das conquistas teóricas realizadas no período anterior.

Essa fratura está na base do surgimento de duas novas teorias (Teixeira, 2000). A primeira delas, a *Economia*, ciência social particular, cuja fundação se dá vinculada ao pensamento conservador. Ela tende a se restringir à compreensão de aspectos da vida social que permitam a manipulação eficiente de variáveis relacionadas, sobretudo, à distribuição da riqueza. Mantém-se, assim, no terreno da *aparência*, circunscrevendo a esfera econômica ao mercado e evitando a consideração de aspectos estranhos a esse espaço social, considerados "extraeconômicos" e, como tais, remetidos a outras ciências particulares.

Em contraposição à Economia está a *crítica da Economia Política*. Inaugurada por Marx e Engels na segunda metade do século XIX, permanece atual, na medida em que a reprodução do capitalismo põe e repõe os problemas que ela buscou desvendar e continua a exigir respostas que apontem em direção à sua superação. É essa teoria que fundamenta o método de trabalho neste livro.

O método da crítica da Economia Política

Para Marx (2011b, p. 54), a teoria social visa reproduzir a vida social no pensamento, enquanto *concreto pensado*, cujo fundamento capaz de realizar esse objetivo, no tocante à forma capitalista de sociabilidade, reside na crítica da Economia Política.

Essas afirmações requerem maiores explicações tanto sobre o que significa afirmar o caráter *crítico* de nosso método quanto sobre os próprios procedimentos metodológicos que viabilizam que se chegue àquele "concreto pensado".

Com relação ao caráter crítico do método, ele reside no fato de não ser possível ao pesquisador aceder diretamente *o que existe* de real e concreto sem a mediação da teoria, por mais que o ponto de partida e de retorno da investigação seja o real.

No início deste capítulo, explicamos que o real existe independentemente de o conhecermos, mas se queremos conhecê-lo, devemos nos utilizar da razão, portanto, da consciência, para nos apropriarmos dele. Toda investigação é, portanto, não apenas reflexo passivo, mas *reflexo ativo e dinâmico*, ou seja, reconstituição progressiva do real no pensamento, para a qual se parte do acúmulo prévio de conhecimento, que deve ser *submetido à crítica* por meio da confrontação com as tendências expressas pelo movimento objetivo da realidade. Melhor dizendo, a crítica nasce da constante confrontação entre os pensamentos que elaboramos e a objetividade da realidade concreta.

Também já afirmamos que o ser social é um ser na história, com um passado com articulações, fundamentação e distinção, cuja forma atual decorre de sua história, que conforma no presente a interação entre tendências herdadas do passado e em permanente transformação. Isso tem como consequência, por sua vez, que o presente é, inescapavelmente, vir-a-ser, ou seja, uma constante produção de novidade, e "qualquer estágio do ser, no seu conjunto e em seus detalhes, tem caráter complexo" (Lukács, 2013, p. 41). Assim, para compreender as categorias em torno do ser social não é possível pensá-las isoladamente, mas somente a partir de sua articulação no interior da totalidade em movimento, na qual efetivamente se inserem.

"O concreto é concreto porque é a síntese de múltiplas determinações, portanto, unidade da diversidade" (Marx, 2011b, p. 54). Essa famosa frase é reproduzida por muitos marxistas, mas é importante compreender os fundamentos teóricos e metodológicos que a acompanham. O concreto costuma aparecer no pensamento como resultado do próprio pensamento, mas, mais do que isso, Marx está apresentando o concreto pensado como processo de síntese, que parte do concreto efetivo, visando reproduzi-lo no pensamento de modo a aprofundar o conhecimento sobre ele, na medida em que isola o que é essencial do que é contingente, encontrando leis tendenciais. Embora o concreto efetivo seja o ponto de partida da representação e da intuição, Marx (2011b, p. 54-55) explicita: "o método de ascender do abstrato ao concreto é somente o modo do pensamento de apropriar-se do concreto, de reproduzi-lo como concreto mental. Mas de forma alguma é o processo de gênese do próprio concreto".

Apesar das indicações de que exemplos podem atrapalhar a argumentação em vez de ajudar, avaliamos que nesse ponto pode ser bom trazer um. Pensemos na situação de trabalho da juventude brasileira na passagem dos anos 2010 para 2020. Numa primeira olhada, chama atenção a massa de desempregados/as, parte dela tensionada por ideologias como as do empreendedorismo, tentando empreender em busca de soluções individuais para seu problema, ou em situação de trabalho informal, ou trabalhando em condições extremamente precárias.

Esse é então nosso ponto de partida. Deveremos nos alçar, por meio da teoria, para alcançarmos o concreto pensado, reconstituindo mentalmente as múltiplas determinações que confluem para a situação que experimentamos imediatamente. Considerar a lei geral da acumulação capitalista apresentada por Marx n'*O capital*, na qual aprendemos que sob esse modo de produção a criação de riqueza gera, ela própria, pelo modo como é produzida, numerosos e crescentes contingentes de superpopulação relativamente excedentária face às necessidades do capital. Há ainda que considerar que, a partir daí, operam determinações que especificam historicamente a manifestação daquela lei: se o/a jovem é racializado/a, vai sofrer com questões relativas ao racismo estrutural; se é mulher ou LGBTT, vai sofrer impactos do sexismo e do patriarcado. Há ainda que considerar a crise estrutural que marca a economia global desde a década de 1970, acentuada pela assim chamada crise financeira de fins da década de 2000; politicamente, o Brasil sofre as repercussões do golpe de 2016 e suas sucessivas contrarreformas. Tudo isso deve ser levado em conta para enriquecer nosso conhecimento sobre aquela situação com a qual nos deparamos inicialmente ao observar a inserção da juventude no mercado de trabalho.

Realizar abstrações no sentido da totalidade é parte da construção do concreto pensado. Cabe ressaltar que a compreensão das múltiplas determinações não é a simples soma delas, mas compreender como se movem, seus vínculos causais, suas relações contraditórias.

Tal movimento só é possível de se apreender porque o materialismo histórico funde dois métodos aparentemente contraditórios: o lógico e o histórico (Fernandes, 2008). A superação dessa contradição se dá mediante a abordagem dialética, que olha para a história em movimento, em contraposição a uma concepção naturalista, estática, presente nas Ciências Sociais, em geral, e na Economia, em específico, e, por outro lado, jamais trata a história como mera sucessão incompreensível de acontecimentos únicos.

Um exemplo de como a referida abordagem diferencia o método marxiano, em relação àquele dominante nas ciências sociais particulares, encontra-se na solução para o clássico problema de se a assim chamada "natureza humana" seria egoísta ou altruísta:

> Para Marx, o homem não é, por natureza, nem egoísta nem altruísta. Ele se torna, por sua própria atividade, aquilo que é num determinado momento. E assim, se essa atividade for transformada, a natureza humana hoje egoísta se modificará, de maneira correspondente. (Mészáros, 2006, p. 137)

O método com que trabalhamos busca, portanto, capturar as principais linhas de força em interação no real a partir da determinação do modo como elas se relacionam concretamente, expressando-as no plano do pensamento, buscando reconstituir o sentido do movimento resultante de seu entrecruzamento e de suas contradições, determinando, assim, as leis tendenciais que informam as transformações da realidade objetiva ao longo do tempo. Cabe ressaltar que a lei, no sentido marxiano, não é estática nem definitiva, é sempre tendência, porque os sujeitos podem alterar os rumos da história por meio da política.

O conhecimento assim construído pode aspirar a atingir o estatuto de conhecimento *verdadeiro* sobre a realidade. Quanto a isso, vale lembrar que a definição clássica de verdade é a de adequação entre coisa e intelecto, ou "coincidência do conhecimento com seu objeto" (Hegel, 1968, p. 524).

Note-se que falar em "verdadeiro" não significa, de modo algum, falar em absoluto, final ou inquestionável. "Cada lei, cada teoria deve ser superada", já que "uma lei 'absolutamente verdadeira' é uma ficção, [...] só poderia ser *a* lei total do mundo, a posse da totalidade, a Ideia alcançada de um só golpe [...] sem apropriação do mundo pelo homem" (Lefebvre e Guterman, 2011). É nesse mesmo sentido que Lenin (2011, p. 139) afirma que "a lei apreende o que é tranquilo – eis porque a lei, toda lei, é estreita, incompleta, aproximativa".

O verdadeiro está ele mesmo em movimento, e assim também o próprio conhecimento sobre ele. É tomando-se esse aspecto em consideração que se compreende o sentido da afirmação de que "o verdadeiro é o todo" (Hegel, 1992, p. 31). E é, portanto, no verdadeiro que deve estar incluída a consideração das diferentes possibilidades de devir: o real *só é verdadeiro enquanto contém em si diferentes possibilidades*, a partir das quais e sobre as quais intervém o ser social.

Retomemos agora o movimento do pensamento para a apreensão e compreensão do real: temos que o real é *concreto*, e, portanto, síntese de múltiplas determinações. Ao olharmos para a realidade, a apreendemos *imediatamente* por via da representação e da intuição. Conseguimos ver o *fenômeno*. A *mediação* científica permite, por sua vez, acessarmos a *essência* do fenômeno. Ao percebermos o concreto como síntese de múltiplas determinações, vamos, por meio da *abstração*, buscar compreender esse complexo do ser social, suas várias determinações (históricas, econômicas, políticas, culturais/ideológicas) em uma perspectiva de *totalidade*, ou seja, buscando compreender a constituição global do nível de ser do qual se trata.

Marx expôs, sumariamente, o procedimento em exame na passagem a seguir – que, ademais, condensa diversos dos pontos que vimos examinando até aqui:

> Parece ser correto começarmos pelo real e pelo concreto, pelo pressuposto efetivo, e, portanto, no caso da economia, por exemplo, começarmos pela população, que é o fundamento e o sujeito do ato social de produção como um todo. Considerado de maneira mais rigorosa, entretanto, isso se mostra falso. A população é uma abstração quando deixo de fora, por exemplo, as classes das quais é constituída. Essas classes, por sua vez, são uma palavra vazia se desconheço os elementos nos quais se baseiam. p. ex., trabalho assalariado, capital etc. Estes supõem troca, divisão do trabalho, preço etc. [...] Por isso, se eu começasse pela população, esta seria uma representação caótica do todo, e, por meio de uma determinação mais precisa, chegaria analiticamente a conceitos cada vez mais simples; do concreto representado chegaria a conceitos abstratos cada vez mais finos, até que tivesse chegado às determinações as mais simples. Daí teria de dar início à viagem de retorno, até que finalmente chegasse de novo à população, mas desta vez não como a representação caótica de um todo, mas como uma rica totalidade de muitas determinações e relações. (Marx, 2011b, p. 76-77)

Ao fazer esse movimento do concreto para o abstrato, abstraindo-se as inúmeras determinações e contradições que envolvem o ser, e, de volta, do abstrato para o concreto, saturando progressivamente de determinações o objeto pensado, alcançamos o nível do *concreto pensado*, a *essência* do ser social. Se o primeiro movimento é a mola propulsora do processo de *investigação*, o segundo fundamenta o trabalho de *exposição*: nela, com a investigação já bem avançada, parte-se das categorias as mais simples e elementares, enriquecendo-as progressivamente de determinações, relacionando-as a outras, adensando mais e mais o real conhecido, mostrando paulatinamente seu movimento e as relações que o constituem. Note-se que o fenômeno ou a aparência não são uma falsidade ou uma mentira: eles são momentos do real, mas que escondem suas determinações essenciais (Kosik, 1976).[1]

---

[1] Um exemplo simples de como a aparência imediata de um fenômeno esconde suas determinações essenciais é o fato de que se acreditava, antes da demonstração do princípio da inércia por Galileu, que era necessária uma força constante para manter um corpo em movimento constante. Aquela posição se prendia ao terreno das aparências, desprezando a ação de forças como o atrito (com

Assim, temos que para Marx e Engels a realidade sócio-histórica pode ser apreendida pelo intelecto, pelo pensamento em movimento, o qual elabora categorias e conceitos teóricos para explicá-la – que são, antes de mais nada, reproduções reflexivas das categorias ontologicamente existentes. Diferenciam-se, assim, do idealismo e de seu "movimento da razão pura".

No parágrafo anterior mencionamos uma categoria nova: ontologia. O que vem a ser uma análise ontológica do ser social, que vai fundamentar a teoria social marxiana? Trata-se de um "estudo do autodesenvolvimento da vida material e espiritual da sociedade humana" (Lara, 2017, p. 77). Expliquemos melhor: homens e mulheres são sujeitos históricos da transformação na medida em que lutam pela existência. Diferentemente dos seres orgânicos, animais e plantas, que se adaptam ao ambiente, os seres sociais transformam a natureza e a si mesmos pelo processo de trabalho. A realidade na qual o ser social se insere, por sua vez, é a realidade em que todos os estágios históricos são produtos de sua própria atividade (cf. Lukács, 2013, cap. 1).

Por esta razão a categoria trabalho tem caráter prioritário, ele não é o momento predominante da análise por uma escolha individual e preferencial de Marx e Engels, mas porque fundamenta a existência dos seres sociais na realidade material concreta. Para o ser social existir ele precisa trabalhar, transformar a natureza para suprir suas necessidades (do estômago e da fantasia), em relações complexas e contraditórias com os seres orgânicos e inorgânicos, em um processo de autoformação do gênero humano.

Todas as decisões tomadas pelos seres sociais, seja no que diz respeito ao trabalho, seja a outras práxis sociais, são decisões

---

o solo, o ar, a água etc.), que freiam corpos em movimento, e ignorando, portanto, o fato de que um corpo em movimento tende a permanecer em movimento uniforme caso não sejam aplicadas a ele forças que incidam sobre essa tendência. Atribui-se ao próprio Galileu, aliás, a afirmação de que, caso a realidade se apresentasse imediatamente ao conhecimento (ou seja: caso aparência e essência coincidissem), a ciência seria desnecessária.

entre alternativas. Este elemento fundante, presente no trabalho, de escolha entre alternativas, é onde se encontra o germe da liberdade. Aos seres sociais são colocadas perguntas diariamente, seja por determinações sócio-históricas, seja por casualidades postas pelo cotidiano. A teoria desempenha um papel muito relevante para o conhecimento da realidade e para a busca de respostas aos desafios colocados por ela e aos dilemas da existência dos seres sociais. A teoria, potencialmente, tem papel de mediação para a atividade humana.

Desde quando acordamos, tomamos uma série de decisões – sair ou não da cama, escovar ou não os dentes, ir ou não trabalhar para receber um salário – que parecem naturais, mas são eivadas de processos históricos e determinantes socioeconômicos, políticos e culturais. Há decisões mais complexas de serem tomadas: realizar ou não uma greve, ocupar ou não um território, dentre outras. O conhecimento por meio da teoria social, que nos auxilia a compreender as mediações, pode ser uma importante ferramenta para essas decisões.

Ao que Antunes (1996, p. 99) explica: "trabalho, vida cotidiana e consciência do ser social se inter-relacionam e se articulam de maneira indissociável". Seguimos então para a relação entre materialidade e consciência social, ou entre necessidade histórica e consciência de classe. A crítica da Economia Política deve ser vigilante com relação ao economicismo, ao determinismo econômico que é mecânico, não-dialético, e trata a consciência de classe como mero subproduto da economia capitalista, isolando alguns fatores e os sobrepondo a todos os outros. Desse modo, apaga a possibilidade de que o movimento da consciência constitua mediação para o processo de intervenção sobre a vida social, e, com ela, da transformação social.

Deve-se criticar no economicismo, também, a associação linear entre desenvolvimento econômico e desenvolvimento social. O aumento da produção de riqueza material bem como a abundância de tempo livre dos homens e das mulheres no modo de produção capitalista (ou em suas tentativas de superação) não são suficientes para produzir um desenvolvimento humano verdadeiramente livre. Ao contrário: neste modo de produção, tais elementos *entravam* o livre desenvolvimento das potencialidades da maior parte da humanidade.

O outro lado da moeda é dar atribuição de autonomia absoluta à consciência e recair no politicismo, no subjetivismo ou no voluntarismo, concepções que, igualmente, abandonam a dialética na análise quando acreditam que tudo pode ser transformado por meio da mera vontade, ou da atuação política desvinculada da transformação das relações sociais fundamentais – como a propriedade dos meios de produção e a compra e venda de força de trabalho.

É comum encontrar nas ciências sociais particulares o exame de determinações relacionais entre dois elementos, por exemplo, divisão do trabalho e troca. Ao construir o conhecimento social dessa forma, muitas vezes recorta-se arbitrariamente o real, deixando de lado as contradições efetivamente presentes nele, centrando-se nas repetições. Marx, como vimos, pauta-se em análises sob a perspectiva da totalidade, em busca de reproduzir o movimento do real em suas interações complexas e nexos determinantes – o que explicita o caráter ineliminávelmente contraditório das sociedades fundadas sobre a divisão em classes sociais.

Todo esse esforço da teoria marxiana tem um objetivo: a superação do modo de produção capitalista. E para superar, na prática política, o estranhamento da vida real é importante que ela se fundamente sobre a compreensão teórica adequada do real. Faz-se, portanto, necessário o domínio teórico dos complexos problemas econômicos e sociais que envolvem a alienação no modo de produção capitalista (cf. Mészáros, 2006, parte IV).

> Para Marx, em contraposição ao reformador, as investigações econômicas não servem como base teórica para uma ação econômica, mas sim para uma ação política. Ele está interessado pelos problemas da economia apenas na medida em que eles revelam a

complexa hierarquia da estrutura que ele deseja ver positivamente transcendida. (Mészáros, 2006, p. 118)

Assim, a crítica da Economia Política trouxe consigo a tarefa de desmantelar as concepções idealistas, dogmáticas e deterministas de cunho conservador e/ou reformista. Combate também qualquer fetichização da racionalidade econômica, porque parte das necessidades concretas, e busca respondê-las também a partir de alternativas concretas.

Referências

ANTUNES, Ricardo. Notas sobre a consciência de classe. *In:* ANTUNES, Ricardo; RÊGO, Walquíria Leão. *Lukács: um galileu no século XX.* São Paulo: Boitempo, 1996.

ENGELS, Friedrich. Ludwig Feuerbach e o fim da filosofia clássica alemã. *In: Obras Escolhidas*, v. 3, p. 378-421. Lisboa: Avante, 1982.

FERNANDES, Florestan. Introdução. *In:* MARX, Karl. *Contribuição à crítica da economia política*. São Paulo: Expressão Popular, 2008.

HEGEL, Georg Wilhelm Friedrich. *Ciencia de la lógica*. Buenos Aires: Solar/Hachette, 1968.

HEGEL, Georg Wilhelm Friedrich. *Fenomenologia do espírito*. Petrópolis: Vozes, 1992.

KOSIK, Karel. *Dialética do concreto*. Rio de Janeiro: Paz e Terra, 1976.

LARA, Ricardo. *História e práxis social: introdução aos complexos categoriais do ser social*. Bauru: Canal 6, 2017.

LEFEBVRE, Henri e GUTERMAN, Norbert. Introdução. *In:* LENIN, Vladimir Ilyitch. *Cadernos sobre a dialética de Hegel*. Rio de Janeiro: Editora UFRJ, 2011.

LENIN, Vladimir Ilyitch. *Cadernos sobre a dialética de Hegel*. Rio de Janeiro: Editora UFRJ, 2011.

LÖWY, Michael. *Ideologias e ciência social: elementos para uma análise marxista*. São Paulo: Cortez, 1995.

LUKÁCS, György. *Aportaciones a la historia de la estética*. México, DF: Grijalbo, 1966.

LUKÁCS, György. Marx e o problema da decadência ideológica. *In: Marxismo e teoria da literatura*. São Paulo: Expressão Popular, 2010.

LUKÁCS, György. *Para uma ontologia do ser social II*. São Paulo: Boitempo, 2013.

MARCUSE, Herbert. *Razão e revolução: Hegel e o advento da teoria social*. São Paulo: Paz e Terra, 2004.

MARX, Karl. *Contribuição à crítica da Economia Política*. São Paulo: Expressão Popular, 2008.

MARX, Karl. *O 18 de brumário de Luís Bonaparte*. São Paulo: Boitempo, 2011a.

MARX, Karl. *Grundrisse: manuscritos econômicos de 1857-58: esboços da crítica da economia política*. São Paulo/Rio de Janeiro: Boitempo/EdUFRJ, 2011b.

MÉSZÁROS, István. *A teoria da alienação em Marx*. São Paulo: Boitempo, 2006.

NETTO, José Paulo. *Introdução ao estudo do método de Marx*. São Paulo: Expressão Popular, 2011a.

NETTO, Leila Escorsim. *O conservadorismo clássico*: elementos de caracterização e crítica. São Paulo: Cortez, 2011b.

TEIXEIRA, Aloísio. Marx e a economia política: a crítica como conceito. *Econômica*, v. II, n. 4, dezembro de 2000.

Imperialismo e capital financeiro[1]

Mauricio de Souza Sabadini
Fábio Campos

Introdução

O objetivo deste capítulo é o de apontar algumas interpretações sobre a categoria capital financeiro em autores clássicos que tinham como um dos eixos centrais de análise a compreensão do imperialismo, num determinado contexto histórico de avanço do modo de produção capitalista na busca por novas formas de acumulação. Para isso, apresentaremos o seu surgimento e sua disseminação na literatura marxista, particularmente destacando as obras de Rudolf Hilferding, Vladimir Ilitch Ulianov (Lenin), Nikolai Ivanovich Bukharin, Rosa Luxemburgo e Karl Johann Kautsky. Adicionalmente, devido à sua importância, exporemos também um autor não marxista, John Atkinson Hobson, e sua influência nas obras que trataram das teorias do imperialismo a partir do século XX. Ao mesmo tempo, complementaremos com outros autores apresentados ao longo da exposição para que tenhamos noção do uso desta categoria e do avançar das discussões.

Levando em consideração este propósito, alguns questionamentos podem aparecer neste momento inicial de leitura: por que

---

[1] Uma versão ampliada desse texto será publicada no sexto número da Revista *Fim do Mundo*, em dezembro de 2021.

é importante entender de forma apropriada uma categoria como esta, dentre inúmeras outras existentes na literatura científica? Por que também entendê-la em diversos autores, observando suas semelhanças e diferenças, que se debruçaram na tentativa de compreender a dinâmica e transformação do modo de produção capitalista em seu tempo histórico? Por que um termo adquire relevância tão grande na compreensão do próprio funcionamento da sociedade capitalista? Por que ele, além de ter sido usado por autores clássicos ao longo do século XX, também nos serve como ferramenta, mesmo que parcial, para desvendar fenômenos que se manifestam intensamente no capitalismo contemporâneo e, portanto, em nosso cotidiano? E, finalmente, por que não apreendê-lo de forma adequada pode provocar interpretações insuficientes da configuração do capitalismo em nossa atualidade?

Responder estas e outras perguntas não é algo tão simples de se fazer. De fato, estes questionamentos perpassam, em maior ou menor proporção, outras categorias que serão discutidas nos próximos capítulos deste livro, como a de capital a juros (D–D–M–D'–D') e capital fictício (D–D'), apresentadas por Marx no livro III d'*O capital*, e que guardam, ou podem guardar, relações imbricadas com o capital financeiro. Ou seja, denominações categoriais diversas que nos permitem fazer reflexões sobre a forma que o capitalismo se organiza e reorganiza na busca de produção e apropriação de excedente sob a forma de mais-valia. Por isso, e é importante que se frise, não pretendemos dar respostas definitivas e acabadas para cada uma das perguntas feitas anteriormente, mas sinalizar possíveis caminhos e interpretações, indicando e instigando a reflexão crítica que estas temáticas exigem.

Categorias como a do capital financeiro podem nos dar pistas para uma melhor compreensão desta inserção historicamente subordinada dos diferentes países no mercado mundial, como a América Latina e, particularmente, o Brasil, numa complexa relação entre o capital produtivo, cada vez mais internacionalizado, e as etapas da circulação de mercadorias e de dinheiro, envolvendo o comércio de mercadorias, o comércio de dinheiro e o sistema de crédito.

Espera-se, portanto, que este capítulo contribua para mostrar a importância da compreensão da categoria capital financeiro, assim como para esclarecer seus pontos centrais para que possamos utilizá-la de maneira rigorosa. E não há como tratar desta temática sem dar destaque, mesmo que brevemente, a Rudolf Hilferding, em torno tanto do surgimento da categoria quanto das possíveis interpretações existentes em sua obra principal.

O surgimento da categoria e as diferentes interpretações sobre o capital financeiro em Hilferding

A categoria capital financeiro foi originalmente construída por Rudolf Hilferding em seu livro *O capital financeiro*. Mas quem foi Hilferding? Ele era médico de formação e viveu entre 1877 e 1941. Intelectual orgânico do Partido Social-Democrata Alemão (SPD), foi ministro das finanças na Alemanha durante dois períodos, 1923 e 1929. Há relatos contraditórios sobre seus últimos anos de vida, porém, ao que tudo indica, com a ascensão de Hitler ao poder, Hilferding ficou exilado em alguns países europeus até ser entregue aos nazistas em 1941 pelo governo francês capitulado aos alemães, que o assassinaram neste mesmo ano.

A importância deste autor, pouco estudado na Economia e nas outras ciências sociais, pode estar atrelada ao desenvolvimento de temáticas em sua obra *O capital financeiro*, terminada em 1908 e publicada em 1910, ou seja, poucos anos depois da publicação dos livros II e III d'*O capital*. Se sua obra não recebeu a devida e necessária atenção no meio acadêmico, sua influência sobre autores clássicos não foi pequena. Lenin, Böhm-Bawerk, Schumpeter, Sweezy, Marshall, Bukharin e Kautsky são alguns dos que se pautaram nela para discutir o que estava acontecendo no capitalismo do século XX no contexto da expansão imperialista mundial. E após mais de 100 anos de sua publicação, suas ideias permanecem vivas, muitas vezes sem serem percebidas, na literatura acadêmica e fora dela.

Hilferding apresenta em sua obra temáticas variadas como o tratamento do dinheiro e do crédito, as Sociedades Anônimas, a bolsa de valores e os dividendos, as crises e o imperialismo, dentre outros (Lupatini, 2017; Campos; Sabadini, 2021). Para a nossa discussão sobre o capital financeiro um aspecto muito importante de se notar é que existe uma ambiguidade conceitual na obra de Hilferding, quiçá uma contradição. Identificamos três leituras diferenciadas: uma delas, que chamamos de *visão tradicional*, é a adotada pela maioria dos autores clássicos e contemporâneos e resgata o sentido do termo exatamente como está descrito no próprio livro do autor, qual seja:

> A dependência da indústria com relação aos bancos é, portanto, consequência das relações de propriedade. Uma porção cada vez maior do capital da indústria não pertence aos industriais que o aplicam. [...] Chamo de capital financeiro o capital bancário, portanto o capital em forma de dinheiro que, desse modo, é na realidade transformado em capital industrial.[2] (Hilferding, 1985, p. 129)

Chama-nos a atenção pelo menos dois aspectos centrais nesta citação: um, o caráter de dependência do capital produtivo para com o bancário, ou seja, a indústria torna-se subordinada aos bancos; segundo, a transformação do capital bancário em produtivo, que se associa ao financiamento da produção pelo capital dinheiro depositado nos bancos, seguida do controle monetário pelas instituições bancárias. O contexto deste processo está relacionado a uma mudança na forma de propriedade, já que as Sociedades Anônimas (SA's), caracterizadas pela venda de seus

---

[2] Devemos destacar que o termo capital industrial em Marx não é sinônimo de capital produtivo, como parece ser a tradução feita acima, e como costumeiramente, e de forma equivocada, encontramos na literatura especializada. Para Marx, o capital industrial é usado "no sentido de que abarca todo ramo da produção conduzido de modo capitalista" (Marx, 1984, p. 41), ou seja, inclui as duas fases da circulação e a da produção.

títulos de propriedade – as ações –, começam a aparecer mais claramente como forma de organização capitalista, ao lado das tradicionais empresas familiares. Desta forma, este termo, o mais conhecido de Hilferding, indica que "os setores do capital industrial, comercial e bancário, antes separados, encontram-se agora sob a direção comum das altas finanças, na qual estão reunidos, em estreita união pessoal, os senhores da indústria e dos bancos" (Hilferding, 1985, p. 283).

Ao mesmo tempo, alguns autores, como Sweezy (1983), por exemplo, adotam uma *visão intermediária* ao considerar esta perspectiva inicial de Hilferding, da fusão dos bancos com a indústria, porém recusando a tese de dominação do capital bancário, admitindo que esta pode se manifestar apenas de forma transitória. Na mesma linha, Lenin (1979, p. 88) sugere que, na fase monopolista do capitalismo, uma das características do imperialismo é a "[...] fusão do capital bancário e do capital industrial, e criação, com base nesse 'capital financeiro', de uma oligarquia financeira", que Marx apontou no livro III como uma nova aristocracia financeira. Lenin, como Sweezy, faz acréscimo ao termo capital financeiro dizendo que "[...] esta definição é incompleta, na medida em que silencia um fato da mais alta importância, a saber, a concentração da produção e do capital, a tal ponto desenvolvida que ela dá e já deu origem ao monopólio" (Lenin, 1979, p. 46).

Num outro extremo, encontramos uma *visão alternativa*, pouco utilizada, mas de leitura mais abrangente da obra de Hilferding. Resumidamente, os autores acreditam que o capital financeiro foi utilizado de maneira superficial, como nas leituras mencionadas, e procuraram associar a concepção de capital financeiro com a transição vivida pelo capitalismo no final do século XIX para um momento posterior, em que o predomínio financeiro passou a se verificar. A lógica financeira rompe as barreiras da acumulação, racionalizando a prática gerencial e impondo novos parâmetros na dinâmica da acumulação privada, associando a transformação da forma da riqueza do controle direto da propriedade para os títulos de propriedade via ações, permitindo acesso aos direitos de gestão sobre a produção. Mais importante, e talvez aqui esteja a diferença central, é "[...] a análise do seu movimento principal: a liquefação dos haveres capitalistas – da riqueza privada. Não se trata [...] de uma fusão entre banco e indústria, mas antes de uma combinação dos atributos dos capitais bancário (liquidez) e industrial (valorização)" (Pinto, 1994, p. 75). Dito isso, o enfoque principal do capital financeiro recai sobre a mudança da riqueza da forma produtiva para os títulos negociáveis, incidindo no comumente chamado mercado financeiro o poder de decisões sobre a acumulação capitalista.

Esta leitura também é compartilhada por Guillén (2011), que acrescenta, a nosso ver, uma categoria importante em sua análise, o capital fictício – este presente em Marx. Segundo ele, "o capital financeiro é um novo segmento do capital, não o velho capital bancário a serviço da indústria" (Guillén, 2011, p. 4); por isso, insere um significado mais profundo na análise que reflete o fato de que o capital financeiro é o resultado da concentração e centralização de capitais e do surgimento das SA's e, mais importante,

> [...] o controle por parte do capital financeiro da emissão e propriedade do capital fictício, quer dizer aquele capital em forma de ações, debêntures e qualquer tipo de títulos financeiros que como brilhantemente havia intuído Marx duplica o capital real investido na produção. (Guillén, 2011, p. 49)

Podemos perceber, então, que a compreensão do capital financeiro, sem um critério rigoroso de seu conhecimento, pode provocar interpretações diferenciadas e por vezes insuficientes para se entender determinados fenômenos, principalmente ao observarmos as mudanças recentes no capitalismo contemporâneo. Ora podemos associá-los a uma forma de relacionamento estreito entre indústria e bancos, importante em alguns períodos históricos da formação capitalista, que caracteriza boa parte da industrialização dos países periféricos, ora podemos entendê-lo numa concepção mais atrelada aos movimentos financeiros, notadamente via compra e venda de papéis. Dito isso, seu uso, sem a devida qualificação, pode levar a interpretações superficiais, inclusive quanto ao papel político e econômico das estruturas de poder capitalista.

De todas as formas, foi a categoria tradicional, em que se associa a indústria aos bancos e elas são por eles financiados, que acabou se consolidando na literatura, tanto nos autores clássicos quanto nos contemporâneos, como veremos a seguir. Só que existe um lapso histórico importante entre Hilferding, no seu tempo de fim do século XIX ao início do século XX, num contexto de expansão da industrialização na economia mundial, para o tempo atual, cuja dinâmica fictícia do capital adquire, no século XXI, proporções no mínimo diferenciadas, em que pese que as formas de capital ligadas ao circuito financeiro continuam a movimentar e influenciar diretamente o capital produtivo.

O capital financeiro no debate clássico do imperialismo

Talvez uma das aplicações mais conhecidas de capital financeiro de Hilferding (1985) seja a de Lenin (1979), sucintamente apontada anteriormente, que o julga fundamental para a explicação histórica do imperialismo na fase madura do capitalismo. Mesmo admitindo, para a compreensão do processo de produção e de apropriação do valor no capitalismo, que o nível de abstração seja menor em relação a categorias como o capital a juros e o capital fictício de Marx, o uso por Lenin (1979), em 1916, do termo bem como sua ampliação na análise do monopólio e do caráter *parasitário* das finanças imperialistas constituem uma de suas principais bases de sustentação analítica. A categoria se mostrou, também para o autor russo, como um elemento essencial de persuasão política na construção da Revolução de 1917, em meio a uma guerra mundial em curso.

Assim, Lenin não apresenta uma teoria nova do capital financeiro, nem mesmo do imperialismo em si. Sua contribuição está, todavia, em fazer uma síntese de formulações anteriores do imperialismo e utilizá-las como um diagnóstico preciso que influenciaria na organização revolucionária contra o capitalismo na Rússia em 1917. Daí esta experiência de articulação entre teoria e prática (*práxis*), a serviço da Revolução Bolchevique, colocá-lo como um dos mais importantes intérpretes do debate do imperialismo.

Mesmo antes de surgir a ideia de capital financeiro de Hilferding (1985) em 1910, o livro do inglês Hobson (1981) – *O estudo do imperialismo* – de 1902 também subsidiou a obra de Lenin (1979). Embora fosse um autor liberal, defensor do livre-comércio e da suposta "missão democrática" do capitalismo, Hobson trazia estudos pioneiros sobre a combinação entre finanças e indústria que gestaram a categoria de capital monopolista, e que vários autores do século XX, como Paul Baran, Paul Sweezy e Harry Magdoff, utilizariam.

Na obra de Hobson (1981) ficava evidente sua concepção das finanças no contexto do capitalismo vitoriano inglês, em que identificava a *City* de Londres como o espaço no qual a especulação parasitária instrumentalizava o Estado e os negócios industriais para promover investimentos estéreis do ponto de vista do consumo. Essa especulação financeira inviabilizaria um suposto crescimento saudável do mercado interno, projetando-se ao exterior na forma de recolonização de áreas periféricas, enquadradas militarmente por meio de políticas imperialistas. Hobson (1981) entendia, assim, o imperialismo como algo que se conectava com o passado aristocrático inglês, sobretudo o da classe de rentistas agrários, comprometidos a formas autoritárias de condução do poder.[3] A natureza parasitária das finanças que engendravam politicamente o imperialismo anulava tanto as potencialidades de livre-comércio quanto o caráter democrático, progressista do capitalismo. Portanto, em síntese, o imperialismo seria exógeno à lógica de reprodução capitalista, em uma chave argumentativa oposta aos autores marxistas, como se fosse originado de maneira

---

[3] Para uma contextualização histórica da obra de Hobson, ver Mariutti (2016).

independente do próprio modo de produção em consolidação naquele momento histórico.

Mas, mesmo estando ideologicamente numa posição contrária, Lenin (1979) reconhecia na obra de Hobson elementos imprescindíveis para a compreensão do capital financeiro e de seu caráter monopolista, supostamente silenciados, segundo ele, por Hilferding (1985). No que tange a questão monopolista, Hobson (1981) advogava que a Revolução Industrial, movida pela expansão tecnológica e creditícia, criava uma estrutura produtiva de grande escala, trustificada (ou seja, marcada pela fusão de capitais que buscam exercer controle monopolista sobre os mercados), cuja capacidade de produção superava as necessidades de consumo internas ao país, e cuja saída econômica para defesa da rentabilidade seria a exportação de capitais. Essa trustificação da economia forçava a reinvenção de formas imperiais de dominação – oriundas desde pelo menos o Império Romano – de modo a garantir uma rentabilidade que comprometia os hipotéticos avanços civilizatórios. Por sua vez, o parasitismo das finanças se definia para o autor pela união de capitalistas industriais e banqueiros em torno de uma política imperialista para mobilizar gastos do Estado, e com isso manter uma fonte direta de lucratividade. Neste ponto de união entre Estado, industriais e banqueiros no âmbito da realidade britânica, Hobson (1981) mostrou o poder das finanças para articular interesses dispersos em torno de um objetivo único de valorização financeira – questão essa que o próprio Hilferding, futuramente em sua categoria de capital financeiro, iria explorar sobre a cartelização das economias nacionais, a qual "unifica o poder econômico e eleva assim diretamente sua eficácia política. Ela uniformiza simultaneamente os interesses políticos do capital e faz com que todo o peso da força econômica atue diretamente sobre o poder estatal" (Hilferding, 1985, p. 318).

Hilferding entendeu igualmente essa noção de unidade do poder financeiro, identificada por Hobson, como uma nova configuração da riqueza acumulada, que não é mais diferenciada segundo suas fontes de rendimento e segundo sua origem do lucro ou do rendimento, mas aflui agora da participação em todas as porções em que se divide a mais-valia produzida pela classe operária. (Hilferding, 1985, p. 321)

Segundo Hobson (1981), era exatamente esta unidade de interesses das finanças que se aproveitava do protecionismo para criar uma rede de prestamistas, fazendo com que seus investimentos se sobrepusessem aos ganhos com o livre-comércio. A dívida pública se tornava um excelente meio de direcionar poupanças ociosas para áreas lucrativas, tendo o Estado como fiador, o que, na verdade, significava um instrumento privilegiado para financiar o imperialismo.

Nesse sentido, Hobson (1981, p. 116) sintetizou a essência do imperialismo como aquela que

> [...] está no desejo de poderosos e círculos industriais e financeiros bem organizados de assegurar e potencializar, a expensas dos fundos públicos e usando das forças armadas do país, mercados privados para seus excedentes de bens e de capitais. A guerra, o militarismo e uma 'política exterior enérgica' são os meios que se precisam para conseguir este resultado. (tradução livre)

A organização de um governo democrático e imbuído de verdadeiros interesses públicos capazes de controlar as finanças, distribuir renda e alavancar o consumo produtivo seria então a única saída, segundo o inglês, para extirpar o imperialismo e fortalecer a essência liberal do capitalismo. De forte crítica moral ao imperialismo, e até mesmo com fundo cristão, observamos, dessa maneira – à revelia ideológica do Hilferding de 1910 e de Lenin –, o reformismo de Hobson como precursor da social-democracia e o do keynesianismo, amplamente defendidos no século XX em oposição ao socialismo.

Ao mesmo tempo, antes do livro de 1902, na obra *A evolução do capitalismo moderno*, de 1894, Hobson (1983) trazia uma importante contribuição para entender como as grandes corporações estadunidenses se utilizavam do domínio monopolista para internalizar uma gestão estratégica entre lucros industriais e lucros especulativos, antecipando, até certo ponto, algumas noções que seriam associadas à categoria de capital financeiro de Hilferding.

Como vimos anteriormente, autores da visão alternativa de Hilferding, como Pinto (1994) e Guillén (2011), reconheceram nesse tipo de gestão financeira uma característica atual para explicar a *financeirização*. Mas Hobson, diferente de Hilferding, identificou nas finanças um caráter mais independente e autônomo internacionalmente, que antecipava momentos contemporâneos do capitalismo, como aqueles que se viu após a Segunda Guerra Mundial. Sobretudo em função de "uma restrição dos mercados internos", as grandes corporações, e sobretudo os "financistas", lançam-se à busca de "mercados estrangeiros", em particular "mercados protegidos", o que exige a "expansão de sua área de dominação política" (Hobson, 1983, p. 193).

Dessa forma, Lenin (1979) encontrava em Hobson seu ponto de apoio para analisar o capitalismo monopolista, e em vários momentos enfatizara sua vantagem em relação a Hilferding. Entre Hilferding em 1910 e Lenin em 1916, existem mais duas obras fundamentais para o debate clássico do imperialismo. Em *A economia mundial e o imperialismo*, escrita em 1915 por Bukharin (1984), o capital financeiro é central, ao passo que para Rosa Luxemburgo (1985), em *A acumulação do capital*, de 1913, o termo não aparece. Ao identificar diversas limitações teóricas no modo como Rosa Luxemburgo se apropriou e criticou Marx, o próprio Bukharin, defendendo a contribuição de Hilferding, iria escrever uma obra em 1924 – *Imperialismo e acumulação de capital* – para criticar a teoria de imperialismo da autora polonesa. Uma das hipóteses de Bukharin (1972), sobre as inúmeras limitações teóricas que ele identificou em Rosa, era justamente a de não apresentar o termo de capital financeiro e sua relação com os monopólios, prescindindo das contribuições de Hilferding e Hobson, respectivamente.

Ao preferir construir sua teoria com base na necessidade de realização externa da mais-valia em regiões não capitalistas, para Bukharin (1972), Rosa simplesmente ignorou a dinâmica expansiva dos cartéis e trustes, inclusive, a internacional, pela exportação de capital, que se daria no acirramento da concorrência intercapitalista pela busca do *lucro extra*. Com isso, ela definiria equivocadamente imperialismo como "expressão política da acumulação de capital na sua luta concorrencial por aquilo que resta ainda do meio não capitalista" (Luxemburgo *apud* Bukharin, 1972, p. 312). Em sua crítica, Bukharin argumentou:

> Primeiro, o capital lutou sempre por 'aquilo que ainda resta' (aliás uma expressão mais do que imprecisa). Segundo, infere-se desta definição que uma luta por territórios que já se tornaram capitalistas não é imperialismo, conclusão totalmente incorreta. Terceiro, infere-se desta mesma definição que uma luta por territórios já 'ocupados' também não é imperialismo. Mais uma vez, este fator da definição está totalmente incorreto. Toda a definição enferma do erro fundamental de, ao analisar o problema, não ter minimamente em conta a necessidade de uma caracterização específica do capital como o *capital financeiro*. (Bukharin, 1972, p. 312; grifos do autor)

Outra crítica de Bukharin (1972) foi que, exatamente por não utilizar a categoria de capital financeiro – que teria na relação dos bancos com as condições de produção monopolista uma dimensão imprescindível –, Rosa não conseguiu delimitar a especificidade histórica do imperialismo, ficando presa à fase colonialista de acumulação primitiva de capital, principalmente à experiência ibérica do século XVI, ou abstratamente, ao "capitalismo enquanto tal". E, assim, o autor russo concluiu que

> a moderna expansão capitalista difere da anterior pelo fato de *reproduzir o novo tipo histórico das condições de produção a um nível alargado* [ampliado], *i.e., o tipo das condições do capitalismo financeiro*. É nisto que reside a característica essa de que Rosa Luxemburgo se não apercebeu minimamente. (Bukharin, 1972, p. 317; grifos do autor)

Ainda que seja pertinente essa crítica de Bukharin, a ausência de capital financeiro e de monopólio na obra de Rosa Luxemburgo não significa que a sua teoria de imperialismo seja descartável. Ao contrário, pois, distante do espaço extremamente economicista de disputa no limiar do século XX, principalmente em torno da Segunda Internacional, em que a obsessão pelos *esquemas de reprodução* de Marx para explicar a realidade consumiu muita energia, inclusive dela própria, é possível constatar a relevância de seu legado. Sem o intuito de fugir do tema deste capítulo, é necessário afirmar, contudo, que o entendimento do modo de produção capitalista como uma totalidade, cujo caráter expansivo tem como objetivo abarcar, dominar e expropriar, de forma imperialista, qualquer órbita de existência que não seja a sua própria, e, ao mesmo tempo, converter violentamente seres humanos e natureza em um eixo mercantil de exploração e destruição, é um atributo atual que tem na explicação de Rosa Luxemburgo (1985) uma enorme relevância.

Nesse sentido, e contradizendo Bukharin, uma contribuição importante de Rosa Luxemburgo (1985) foi o papel que o militarismo, por meio de uma economia de guerra inédita, assumiu no capitalismo plenamente constituído. Ao mostrar como ele era essencial para a reprodução no centro do sistema, interferindo no controle de reservas de força de trabalho, natureza e matéria-prima, Rosa revelou como o militarismo, com sua articulação estatal, poderia ser ao mesmo tempo um meio para a valorização capitalista e um fim em si mesmo ao mover negócios extremamente lucrativos em momento de guerra e de paz via corrida armamentista. Tal característica, que revela a natureza anticivilizatória do capitalismo em sua violência intrínseca, não constituiu, como mostrou Mariutti (2016), uma mera persistência da acumulação primitiva de capital, mas um elemento internamente desenvolvido somente na *fase superior* do imperialismo.

Outra ponderação a se fazer neste debate entre Bukharin e Rosa sobre a utilização do capital financeiro na teoria do imperialismo são as condições sociopolíticas extremamente assimétricas entre eles. Quando as questões do imperialismo se tornaram inquietantes, em 1912, Rosa estava nas trincheiras de luta contra o revisionismo e a necessidade de alertar para o perigo crescente do capitalismo vindo da Segunda Revolução Industrial. A publicação, em 1913, de *Acumulação do capital* gerou um grande alvoroço no Partido Social-Democrata da Alemanha, que em 1914 votou a favor dos créditos de guerra. O *Anticrítica* de 1915, que já era uma resposta aos ataques do livro de 1913, mas que Bukharin (1972) também vai criticar em 1924, foi escrito na prisão por Rosa e só publicado em 1921 – lembrando que ela foi assassinada em 1919. Muito dos críticos do livro de 1913, eram, portanto, os mesmos apoiadores dos créditos de guerra, o que permitia a Rosa reafirmar suas convicções teóricas e práticas sobre o imperialismo.

Bukharin, por sua vez, estava em seu apogeu como porta-voz teórico do bolchevismo, em que suas palavras – quando escreveu *Imperialismo e acumulação de capital*, em 1924, para criticar a autora polonesa – tinham um enorme peso no movimento comunista internacional. Havia naquele contexto um clima de oposição ao luxemburguismo no Partido Comunista Alemão (KPD), que era considerado pelos dirigentes como um "desvio à direita". Mas é bom frisar também que Bukharin, mesmo chancelando esta posição dominante do KPD, não atacava a integridade de Rosa, tampouco relativizava sua importância no debate do imperialismo.

Além de Luxemburgo, outro importante autor a ser criticado por Bukharin e Lenin seria Kautsky, cuja disputa do termo capital financeiro também estava na arena dos embates. Kautsky (1911) já em 1911 havia escrito um artigo – *Capital financeiro e crises* – em que tecia inúmeros elogios à obra de Hilferding, na mesma linha de considerá-lo uma espécie de continuação do livro *O capital* de Marx. Com isso, destacava a descoberta inovadora do autor austríaco do conceito de *lucro do fundador* e as formas de socialização da produção e da apropriação da mais-valia que levavam ao capital financeiro. No entanto, o autor tcheco-austríaco deixava de sublinhar outra importante contribuição de Hilferding que se dava exatamente pelas implicações do capital financeiro para o desenvolvimento do imperialismo, preferindo destacar mais a teoria de crises sobre as desproporcionalidades departamentais da reprodução capitalista. Em 1914, no artigo *Imperialismo e a guerra*, Kautsky (2008) derivou sua teoria não do capital financeiro, mas da relação indústria e agricultura. Em linhas gerais, isso significava que a indústria crescia, acumulava e se desenvolvia mais que a agricultura, poupando trabalho em termos relativos (aumento de progresso técnico). O imperialismo seria uma resposta, segundo o autor, a tal diferença de níveis de acumulação entre a indústria e a agricultura. Isso porque a ruptura da condição de monopólio industrial inglês em seu livre-comércio diante da industrialização pesada de economias anteriormente agrárias – aliás, impulsionadas pela própria exportação de capital britânico via ferrovias e utilidades públicas – fomentou a consolidação de concorrentes com economias industriais semelhantes, tal como a Alemanha e os EUA. Esses capitalismos tardios, em contrapartida, teriam que colonizar novas periferias agrícolas para o suprimento de alimentos e matérias-primas na reprodução industrial, ampliando a dominação imperialista em curso.

A Primeira Guerra Mundial seria esta relação levada ao paroxismo, em que Kautsky identificava o imperialismo como algo ruim para os negócios capitalistas, tal como Hobson:

> se o aumento da produção armamentícia continuar a fazer suas demandas no mercado financeiro, essa tendência deve piorar – e não melhorar – depois da guerra. O imperialismo está cavando sua própria cova, pois em vez de desenvolver o capitalismo, vem se tornando um meio de obstaculizá-lo. (Kautsky, 2008, p. 77)

A tese do superimperialismo de Kautsky (2008), que também está em outro artigo de 1914, *Ultraimperialismo* (Kautsky, 1914), decorria deste diagnóstico, visto que a cooperação entre nações imperialistas poderia levar a um fim da corrida armamentista:

> a violenta competição entre as grandes empresas leva à formação de trustes e à destruição das pequenas empresas. Analogamente, pode-se desenvolver na presente guerra uma combinação entre as

nações mais poderosas que porá um fim à produção competitiva de armamentos. (Kautsky, 2008, p. 77)

Em conclusão, a transição econômica da economia trustificada, belicosa, poderia levar a uma política internacional pacifista que garantiria a acumulação capitalista por meio do superimperialismo.

Ao criticar Kautsky, Bukharin (1972) atribuiu também a ele aquilo que considerava um equívoco de Rosa Luxemburgo, ou seja, o de não assumir as consequências imperialistas do capital financeiro em sua radicalidade. Em suas palavras, "segundo Kautsky, o imperialismo é a luta por territórios agrícolas adicionais", porém, diz Bukharin (1972, p. 314), "o efeito destrutivo das operações imperialistas não se estende apenas às "terceiras pessoas" servis, estende-se também aos territórios capitalistas e até aos territórios estrangeiros sob o domínio do capital financeiro".

Uma interessante contribuição de Bukharin (1984), que partiu da rivalidade imperialista – contra a ideia de *superimperialismo* –, foi a "nacionalização do imperialismo". Para ele, historicamente, os bancos começaram uma internacionalização primitiva pela troca mercantil, mas só na fase imperialista assumiram uma forma avançada, que se deu pelo truste, permitindo a um só tempo a internacionalização bancária e sua interpenetração industrial por meio do financiamento. Dessa relação nasceram consórcios bancários internacionais que constituíram uma plataforma para o surgimento do capital financeiro, promovendo o financiamento de vasta rede de negócios internacionais, além de exportar capitais para outros continentes, construir estradas de ferro, ofertar empréstimos governamentais, desenvolver transportes urbanos e fábrica de armas, minas de ouro e plantações de borracha.

Ademais, Bukharin (1984) mostrou como as empresas estatais eram manipuladas e dependentes dos "magnatas das finanças", tornando-se parte de uma "gigantesca empresa combinada", cuja escala nacional, o Estado capitalista, seria subsumido pelo capital monopolista. Em suma, a internacionalização do capital financeiro dependia da "nacionalização" dos blocos de interesses monopolistas, que refletiam a guerra imperialista na forma de rivalidades nacionais incontroláveis politicamente, as quais Kautsky, mesmo de origem marxista, não teria entendido, segundo o autor russo.

Seria justamente por meio desse argumento, apropriado do capital financeiro, que tanto Bukharin quanto Lenin se inseririam no debate clássico do imperialismo criticando qualquer crença política ou pacifista de domesticar o ímpeto imperialista que levava à barbárie. Também por isso Lenin (1979) utilizaria a noção de *putrefação* das bases civilizacionais do capitalismo, em que o horizonte nesta *fase superior* só poderia ser sua superação pela revolução. O curioso é que o próprio Hilferding, que chegou a esta conclusão antes mesmo de Bukharin e Lenin, politicamente se converteria em 1914 à ala centrista do SPD ao lado de Kautsky, defendendo o primado do desenvolvimento das forças produtivas, das conquistas democráticas e da utopia de uma transição pacífica para o socialismo, a partir do "capitalismo organizado" (Hilferding, 2002). Chegando ao ponto, inclusive, de tornar-se ministro das finanças na República de Weimar nos anos 1920, como vimos no início deste capítulo.

Lenin estava no campo oposto de Hilferding, como líder do partido bolchevique, de forma a conseguir em 1917 um retrato verossímil do imperialismo capaz de penetrar intensamente nas políticas vanguardistas que levariam à dissolução do capitalismo russo. Com certeza, parte da construção de sua teoria revolucionária se deve também à apropriação da categoria de capital financeiro. Os monopólios, segundo o autor russo, nasceram da concentração da produção em função do livre-comércio inglês, mas igualmente do protecionismo alemão e estadunidense. Desenvolveram-se por meio do crédito, gestando a oligarquia financeira, responsável pela junção de bancos e indústrias na forma de capital financeiro que resultou em crescente cartelização das economias nacionais. Também criaram, segundo Lenin (1979), uma política colonial com o objetivo de controle de matéria-prima e de delimitação de áreas de influências para a exportação de mercadorias e de capitais. A consequência foi, por um lado, a criação de uma burguesia parasitária que utilizava do Estado como máquina rentista de "corte de cupões" via reciclagem da dívida pública. Por outro, o capital financeiro e a monopolização da economia também foram responsáveis por "aburguesar a classe trabalhadora", confinando-lhe a um nacionalismo que colocou proletários matando uns aos outros numa guerra imperialista. Finalmente, a centralização de capitais em um grau sem precedentes, e o poder dessas grandes corporações de dominar rigidamente os complexos processos de produção e circulação de mercadorias em escala mundial, revelaria um estágio avançado de *socialização da produção* em franca contradição com a formas capitalistas de propriedade (Lenin, 1979, p. 126). A conclusão do autor russo seria que o capitalismo se encontrava, dessa maneira, num "estágio agonizante", propício a ser eliminado.

Considerações finais

Tendo por pressuposto todas as indicações feitas anteriormente, e acreditando ser desnecessário repeti-las neste espaço final, uma primeira indicação que devemos ter em mente é a compreensão da importância da mediação histórica e teórica que a categoria capital financeiro exige, o que torna nossa tarefa de entendê-la, identificá-la e contextualizá-la em nosso tempo algo ainda mais difícil. Hilferding e os demais autores clássicos construíram o capital financeiro observando uma lógica da acumulação capitalista que se projetava nas transformações da grande indústria em fins do século XIX e início do século XX, em pleno processo tardio de industrialização pesada de economias como a dos Estados Unidos, da França e da Alemanha. Daí a participação direta e efetiva, por exemplo, de bancos de investimento na concessão de crédito de capital para o financiamento industrial em alguns países e a relação umbilical entre estas formas de capital num contexto de expansão industrial. Eram os fornos, os trilhos, as chaminés, a dor e o suor se exalando no mundo.

Se nesse período o capitalismo já expressava amadurecimento de suas forças produtivas e de suas relações de produção nos países desenvolvidos da Europa Ocidental, nos países subdesenvolvidos, particularmente na América Latina e, em especial, o Brasil, o capitalismo iria se manifestar em sua forma mais amadurecida, via grande indústria e a reprodução ampliada do capital somente no desenrolar do século XX. Não é demais lembrar que em nosso país tínhamos oficialmente, até fins do século XIX, trabalhadores escravizados na produção nacional. Estas particularidades já nos sugerem especificidades, estruturas capitalistas ou pré-capitalistas em estágios de maturação diferentes entre si, e que nos alertam para o uso que o termo capital financeiro deve ser empregado em cada dinâmica econômica e social de um país.

Em segundo lugar, face às possíveis interpretações existentes sobre o capital financeiro demonstradas ao longo do capítulo, sugerimos que o seu uso deve ser definido *a priori* antes de ser utilizado, levando em consideração suas diversas definições, suas inúmeras características, lembrando que ele surge em meio à formação do modo de produção capitalista e que pode ou não ser reproduzido totalmente na atualidade. Daí, utilizá-lo em nosso tempo requer esta compreensão geral de seus limites e potencialidades, mas podendo servir, a nosso ver, como uma espécie de elo entre o pensamento de Marx e a realidade concreta do limiar do século XX em diante. E não é demais repetir: tudo isso fazendo as devidas e necessárias mediações históricas e teóricas.

Como consequência, vemos a necessidade e a estratégia de apontarmos algumas diferenças entre os autores que perfazem o debate acadêmico, conceitual, sobretudo, com o intuito de servir de ferramenta para a compreensão da dinâmica capitalista atual, em seu processo recente de formação histórica, cuja acumulação vai assumindo formas – e quiçá conteúdos – que intensificam as contradições entre a produção e a apropriação da riqueza. A partir de fins do século XX e ao longo do século XXI, percebemos a ampliação da dinâmica especulativa do capital em sua forma exponencial via crescimento do capital fictício, como será mostrado neste livro, a partir do aumento das diversas transações financeiras, permeadas, ao mesmo tempo, pela interferência direta nos processos de trabalho das unidades produtivas, intensificando-os, e expressando a sua contradição imanente nas crises financeiras ao longo das últimas décadas, que são, de fato, manifestações das crises estruturais do capital, como a de 2008-2009.

Esperamos que as ideias apresentadas ao longo deste capítulo tenham apontado para as questões expostas na introdução deste trabalho e, mais importante, possibilite a reflexão crítica sobre a forma de funcionamento de nossa sociedade em que o capital financeiro assume um lugar importante.

Referências

BUKHARIN, Nikolai I. *A Economia mundial e o imperialismo*: esboço econômico. São Paulo: Abril Cultural, 1984.

BUKHARIN, Nikolai I. "Imperialismo e acumulação de capital" *In:* LUXEMBURGO, Rosa; BUKHARIN, Nikolai. *Imperialismo e acumulação de capital*. Lisboa: Edições 70, 1972.

CAMPOS, Fábio; SABADINI, Mauricio de S. "Hilferding e o Nexo Imperialista entre Capital Financeiro e Exportação de Capital". *In:* FUCIDJI, José Ricardo (Org.) *As Narrativas de Clio*: ensaios de interpretação histórica e metodológica. Curitiba/Campinas: CRV/Unicamp (Coleção Centros e Núcleos), 2021.

GUILLÉN, Arturo. Claves para el análisis del capitalismo contemporâneo. *Revista Ola Financiera*, v. 4, n. 8, p. 46-54, enero-abril 2011.

HILFERDING, Rudolf. *O capital financeiro*. São Paulo: Nova Cultural, 1985.

HILFERDING, Rudolf. "A democracia e a classe trabalhadora". *In:* TEIXEIRA, Aloísio (Org.) *Utópicos, heréticos e malditos*: os precursores do pensamento social de nossa época. Rio de Janeiro: Record, 2002.

HILFERDING, Rudolf. "A Economia organizada". *In:* TEIXEIRA, Aloísio (Org.). *Utópicos, heréticos e malditos*: os precursores do pensamento social de nossa época. Rio de Janeiro: Record, 2002b.

HOBSON, John A. *A evolução do capitalismo moderno*: um estudo da produção mecanizada. São Paulo: Abril Cultural, 1983.

HOBSON, John A. *Estudio del imperialismo*. Madrid: Alianza Editorial, 1981.

KAUTSKY, Karl. "Finance-Capital and Crises", *Social Democrat*, London, XIV, July, August, September, October, November and December 1911. https://www.marxists.org/archive/kautsky/1911/xx/finance.htm. Acesso em 14/08/2021.

KAUTSKY, Karl. "O Imperialismo e a guerra", *História & Luta de Classes*, n. 6, 2008.

KAUTSKY, Karl. "Ultra-imperialism", *Die Neue Zeit*, September 1914. https://www.marxists.org/archive/kautsky/1914/09/ultra-imp.htm. Acesso em 14/08/2021.

KLAGSBRUNN, Vitor H. Considerações sobre a categoria dinheiro de crédito. *Ensaios FEE*, Porto Alegre, v. 13, n. 2, p. 592-615, 1992.

LENIN, Vladimir I. *O Imperialismo*: fase superior do capitalismo. São Paulo: Global, 1979.

LENIN, Vladimir I. *Obras completas*: cuadernos sobre el imperialismo. Moscú, Editorial Progreso, tomo 28, 1986.

LUPATINI, Márcio P. Sobre o "capital financeiro" e algumas interpretações. *In: Anais* do XII Congresso Brasileiro de História Econômica e 13ª Conferência Internacional de História de Empresas. Niterói (RJ), UFF/ABHPE, 2017.

LUXEMBURGO, Rosa *A Acumulação do capital*: contribuição ao estudo econômico do imperialismo. São Paulo: Nova Cultural, 1985.

MARIUTTI, Eduardo B. *Violência e Imperialismo*: as interpretações de Rosa Luxemburgo e John Hobson e suas implicações para o debate contemporâneo sobre o imperialismo. Tese (Livre-Docência) – Instituto de Economia da Universidade Estadual de Campinas, 2016.

PEREIRA, Vinícius V. "As primeiras preocupações com a periferia do sistema capitalista nas teses do imperialismo de Kautsky e Bukharin", *Nova Economia*, v. 27 n. 2, 2017.

PINTO, Nelson Prado A. *O capital financeiro na economia contemporânea*: uma revisão teórica e histórica de seu papel no desenvolvimento recente dos Estados Unidos. Tese (Doutorado em Economia) – Universidade Estadual de Campinas, Campinas (SP), 1994.

SWEEZY, Paul. *Teoria do desenvolvimento capitalista*: princípios de economia política marxista. São Paulo: Abril Cultural, 1983.

O capital em movimento: dos ciclos às formas autonomizadas do capital

Adriano Lopes Almeida Teixeira
Helder Gomes

Introdução

A virada para a segunda década do século XXI marcou a história do capitalismo como o momento de explicitação de uma grande depressão econômica mundial. Quase todos os indicadores passaram a apontar, naquele instante, o colapso do mundo encantado que parecia ter surgido duas décadas antes, após o alarde de que a vitória final da economia de mercado havia, enfim, se consolidado com a ruína da União Soviética. As evidências de que quase todas as grandes potências mundiais apresentavam crescimento econômico negativo, ou próximo de zero, ao mesmo tempo que se expandia a onda de falências de grandes empresas deslocavam a esperança embalada pelas propagandas oficiais de mais e melhores empregos, por exemplo. De lá para cá, a situação de crises se aprofundou bastante. No entanto, algumas empresas apresentam lucros vistosos, especialmente os maiores bancos, tornando pessoas muito ricas ainda mais ricas. Assim, as manchetes dos jornais acabam mesclando a trágica massificação da pobreza com a abundância de riquezas centralizadas em poucas mãos, como se fosse uma combinação natural. Como explicar isso?

Teríamos pelo menos dois caminhos. Se nos contentássemos apenas com a aparência dos fenômenos econômicos, diríamos que as crises são curtos momentos de passagem de um ponto de equilíbrio a outro, provocadas normalmente por interferências externas ao livre jogo das forças do mercado, por intervenção de governantes perdulários ou pela quebra das regras do jogo por parte de algum agente privado mal-intencionado. Segundo essa visão, uma vez identificado o problema, a solução seria automática e logo a economia retomaria as condições normais de funcionamento, de forma bastante natural.

Entretanto, fica cada vez mais nítido que a crise mundial se prolonga para além do que poderia se esperar de um rápido período de ajuste. Isso abre a oportunidade para uma investigação mais profunda, que ultrapasse os efeitos mais aparentes, em busca de explicações mais precisas sobre seus fundamentos, cujas sutilezas se escondem dos olhares mais apressados.

Aprendemos, assim, que o movimento que estamos investigando não se mostra imediatamente como ele realmente é, em sua totalidade. Se o olharmos de relance, perceberemos apenas uma de suas dimensões, pois as múltiplas formas de sua composição acabam ficando escondidas por detrás dessa primeira maneira da coisa se mostrar. A tarefa tem sido, portanto, enveredar pelo interior do fenômeno em busca de suas raízes estruturais, e essa empreitada exige um esforço maior que nos contentarmos com a aparência. As relações econômicas, disfarçadas pela forma imediata de se apresentar, não se abrem aos nossos olhos tão facilmente, nem é possível observá-las por dentro utilizando algum tipo de microscópio ou de reagente químico, por exemplo. Essas limitações nos impõem a necessidade de outros instrumentos de análise, que envolvem a nossa capacidade humana de abstração, isto é, de perceber a realidade em suas dimensões mais gerais, para além das formas em que ela se apresenta concretamente, em um momento específico e em um território particular.

A proposta seria, pois, partirmos das formas complexas de como o fenômeno econômico se apresenta de imediato, em busca das formas mais simples, mais gerais, que ficam normalmente escondidas por detrás dessa maneira dele se mostrar. Com esse procedimento, podemos descobrir as mediações que interligam a aparência e a essência daquilo que estamos investigando, no intuito de revelar seus elementos motores mais gerais, ou seja, aqueles conteúdos elementares que contribuem para provocar o movimento, mas que ficam escondidos pela dimensão aparente.

Escolhemos esse segundo caminho como forma de criticar o pensamento liberal dominante e de apresentar uma alternativa de interpretação. Esperamos, com isso, contribuir para o entendimento de fenômenos aparentemente incompreensíveis, procurando demonstrar que o exercício proposto não é tão árduo como pode parecer à primeira vista.

Direto ao ponto

Tem sido comum ouvirmos falar que a reprodução da crise econômica mundial se deve à manutenção de privilégios estatais ao *rentismo*. O mundo capitalista estaria preso a uma armadilha, comandada por um grupo de sugadores que nada produz, batizado vulgarmente como *capital financeiro*, cujo objetivo seria manter suas regalias em detrimento do empreendedorismo produtivo. A saída, portanto, seria retomar o protagonismo estatal no fomento à produção e na promoção de políticas compensatórias redistributivas, tributando as grandes fortunas como forma de financiamento, em especial, aquelas formadas a partir da prioridade às aplicações rentistas.

Olhando a coisa mais de perto, com algum rigor ao manancial teórico que herdamos de Marx, é possível compreender que a atual situação de crises não resulta apenas de simples escolhas governamentais. Não se trata de uma política passível de mudanças a partir de ajustes em busca de outro arranjo macroeconômico. Trata-se, isso sim, do aprofundamento de uma (não mais tão nova) etapa do capitalismo, marcada pelo domínio do capital especulativo parasitário sobre as demais formas de acumulação. Uma dominação especulativa que não se restringe ao agigantamento do volume de operações e do estoque de títulos de apostas sobre preços no futuro, que efetivamente ultrapassa limites imprevisíveis, mas que, fundamentalmente, subordina todas as demais decisões econômicas à lógica da especulação.

Não se trata também de uma escolha do chamado *setor privado* entre especular ou produzir. Os investimentos produtivos, mesmo que em taxas reduzidas, continuam presentes, inclusive devastando ainda mais as reservas naturais do planeta. Ocorre, na verdade, que parcelas crescentes do volume total de riquezas apropriadas pelo capital (na forma de lucro produtivo e comercial, de juros, ou de rendas, por exemplo) não encontram oportunidades para investimentos produtivos e são orientadas para formas fictícias de valorização.

Compreender essa proposição exige alguma consideração à abordagem da dialética do valor, especialmente no que tange ao movimento integrado do capital em geral e suas manifestações mais concretas, em formas funcionais mais específicas. Dito de outra forma, o objetivo deve ser a compreensão dos vários momentos da metamorfose da mercadoria no interior dos ciclos do capital, tendo em vista a necessidade de explicar com maior precisão os graus de autonomia de cada elemento que compõe o processo de reprodução capitalista na atualidade a partir da concepção de que as formas fictícias dominam as demais formas funcionais do capital.

Assim, a partir da elucidação de cada momento da metamorfose da mercadoria, no interior dos ciclos do capital, demonstrando a função de seus elementos constitutivos fundamentais é que, no presente capítulo, procuraremos desenvolver as mediações necessárias à explicação do atual estágio da reprodução social capitalista.

O sentido e o significado do livro II d'*O capital*

Comecemos do que salta à vista. Enquanto no livro I d'*O capital*, o subtítulo era "O processo de produção do capital", no segundo é "O processo de circulação do capital". No livro I, Marx analisou o processo de produção do capital, ou seja, como o valor e a mais-valia são produzidos no modo de produção capitalista e, consequentemente, como se produz e reproduz o capital. Mas, diferentemente das ciências naturais, que pode isolar o objeto, Marx continuará recorrendo a simplificações e manterá sua análise também em alto nível de abstração (Marx, 1996, p. 130).

Então, como ele tinha analisado o processo de produção de capital sob a suposição de que todo o valor produzido é realizado, isto é, de que a produção não encontra dificuldade alguma para ser vendida, no livro II, Marx vai dar um passo mais adiante para incorporar a análise do processo de realização do valor, ou seja, o processo de circulação do capital.

Não há dúvida de que Marx segue aí o procedimento por ele indicado em sua famosa Introdução de 1857, espécie de introdução à sua obra *Grundrisse*, em que apontava ser equivocado o procedimento dos economistas clássicos, notadamente John Stuart Mill, de separar as esferas da produção, distribuição, troca e consumo. Marx recusa essa forma de análise e defende que só é possível alguma compreensão da realidade se a perspectiva for a da totalidade. Ele deixa claro seu grande objetivo ao escrever sua obra maior: "O que eu, nesta obra, me proponho a pesquisar é o modo de produção capitalista e as suas relações correspondentes de produção e de circulação" (Marx, 1996, p. 130). Para isso, era fundamental entender o processo de produção global do capital, ou, dito de outra maneira, o capital como um processo, um movimento, que

> inclui tanto o processo de circulação quanto o processo de produção propriamente dito. Eles constituem as duas grandes seções de seu movimento, que aparece como totalidade desses dois processos. De um lado, é o tempo de trabalho, de outro, tempo de circulação. E o conjunto do movimento aparece como unidade de tempo de trabalho e tempo de circulação, como unidade de produção e circulação. Essa própria unidade é movimento, processo. (Marx, 2011, p. 518)

Cabe lembrar que, inicialmente, a abordagem parte da fórmula geral do capital: D–M–D', em que D' = D + ΔD. Indagando sobre a efetiva origem do excedente ΔD, Marx chega à conclusão de que a análise não poderia se limitar à circulação, considerando inclusive que, para circular, a mercadoria precisaria ser antes produzida de alguma forma. Abrindo, portanto, a fórmula geral para além dos circuitos de compra e venda das mercadorias foi possível perceber que, sob relações do capital, os processos de trabalho são, em si, processos de valorização, nos quais M se transforma em M' e, só por isso, pode ser vendida por D', ou seja, por D acrescido de ΔD. Assim, a fórmula geral, uma vez aberta, revela o segredo da produção do excedente, ou, da mais-valia:

Circulação e Produção

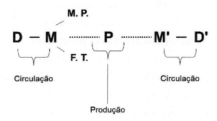

Assim, fica mais fácil observar que o ponto de partida é certa quantidade de capital na forma dinheiro (D), que se troca pelas mercadorias força de trabalho e meios de produção (M), que por sua vez são combinadas no processo produtivo (P) dando origem a um conjunto de novas mercadorias (M') que possuem mais valor do que o inicialmente investido, já que contém a mais-valia criada pelos trabalhadores. Com a venda dessas mercadorias, o capitalista receberia uma quantidade de dinheiro superior ao que ele possuía no início do circuito (D') e, com isso, poderia reiniciar o processo numa escala ampliada, dando sequência ao processo de acumulação de capital.

No livro I d'*O capital*, as etapas da circulação D–M (compra das mercadorias força de trabalho e meios de produção) e M'–D' (venda da mercadoria já acrescida de valor) transcorrem naturalmente, porque Marx desconsidera as dificuldades apenas para realçar o que de fato acontece no momento da produção (P). E, mais do que isso. No livro I, o capitalista perambulava límpido e sereno pela estrada do processo de valorização, num mundo preparado para ele, como se os outros ao seu redor não tivessem importância. No livro II, a cortina que o separa do mundo real começa a cair. Não cai totalmente, pois Marx ainda não vai incorporar o elemento que ajudaria a atenuar as contradições entre produção e circulação – a saber, o crédito, elemento apenas pressuposto neste momento e que só vai aparecer no livro III. Portanto, agora os holofotes estarão tanto na inter-relação entre os diversos capitalistas quanto nas fases de circulação que antecedem e sucedem o processo de produção.

As metamorfoses do capital e seus ciclos

Assim, podemos notar a interdependência dos livros I e II. Se o livro I adota simplificações, como, por exemplo, que o valor produzido será realizado, ou seja, que todas as mercadorias produzidas serão vendidas, o livro II pretende incorporar as dificuldades próprias do momento da circulação, porém adotando a simplificação contrária. Agora, nele, será o processo de produção de mais-valia que acontecerá sem obstáculos. O capital, que apareceu no livro I em sua essência, será investigado agora por Marx como um processo em movimento, com permanente mudança de suas formas materiais.

Depois de estudar como se dá o processo de produção do capital, Marx começa o livro II analisando o que ele chama de ciclos do capital: o ciclo do dinheiro, o ciclo da produção e o ciclo da mercadoria. Os três primeiros capítulos analisam cada um dos ciclos e, no quarto, Marx os analisa em seu conjunto, de forma integrada. O tratamento da questão sempre se restringe aos aspectos técnicos da circulação, sem trazer ainda à discussão a divisão de funções especializadas que se daria entre os próprios capitalistas, em que uns concentrariam suas atividades na esfera monetária, outros na produtiva ou no circuito comercial.

Portanto, a análise de Marx se concentra nas sucessivas e contínuas modificações de forma sofridas pelo capital em três fases consecutivas que, ao final, retornará à sua forma primitiva. Em cada fase, o capital assume uma forma que está relacionada com a sua função no processo de valorização. São as chamadas formas funcionais do capital, constituídas pelo capital-dinheiro, capital-produtivo e capital-mercadoria. Marx opta por começar com a análise do ciclo do capital monetário, embora pudesse ter tomado qualquer uma delas como ponto de partida, dado o caráter cíclico do processo de valorização. Os ciclos acima mencionados podem ser ilustrados da seguinte maneira, respectivamente: D–M ...P... M'–D'; P ... M'–D'–M ... P; e M'–D'– M ... P ... M'.

No ciclo do capital-dinheiro, D–M ... P ... M'–D', o dinheiro é capital não por ser dinheiro, mas por estar inserido no processo de circulação em que mercadorias específicas serão compradas visando a uma futura valorização do valor (Marx, 1985, p. 27). Na forma funcional de capital monetário, cumpre as funções próprias do dinheiro, a saber, meio de circulação e meio de pagamento. Na primeira fase, a D–M, o capitalista compra as tais mercadorias específicas, a força de trabalho e os meios de produção que serão usados no processo produtivo (P). Nesse momento, o capital assume a forma funcional de capital-produtivo. Nessa fase, os elementos materiais do capital serão consumidos no processo de criação de novos valores de uso, com um valor acrescido. Vê-se que se não houve mudança na magnitude do valor durante a metamorfose sofrida pelo capital-dinheiro em capital-produtivo – haverá na passagem do capital-produtivo ao capital-mercadoria. Chega-se à última fase, a M'–D', em que o capital assume a forma de mercadoria, que precisará ser vendida, ter seu valor realizado. Portanto, são três fases, sendo a primeira e a última (D–M e M'–D') pertencentes à circulação, e a intermediária (M ... P ... M') referente à produção, como visto anteriormente.

No ciclo do capital produtivo, P ... M'–D'–M ... P, as fases se invertem. Enquanto no ciclo do capital-dinheiro as correspondentes à circulação apareciam no início e no fim, D–M e M'–D', no do capital produtivo aparecem como fases intermediárias. O capital P, constituído pelas mercadorias força de trabalho e meios de produção, assume a forma funcional de capital produtivo. Por este ciclo, é possível constatar o que no do capital-dinheiro não ficava evidente, a saber: 1) o caráter ininterrupto do processo de produção capitalista, dado que não faz sentido começar em P, chegar a seu termo em P e parar, pois o capital só chegou a sua forma produtiva porque visava iniciar outro processo de valorização, enquanto que pelo ciclo do capital-dinheiro o capitalista poderia interromper em D', entesourando-o por algum tempo; 2) a origem do capital fica evidenciada, pois o P inicial é resultado do trabalho anterior realizado pela classe trabalhadora e o D inicial poderia ser considerado resultado do trabalho do próprio capitalista.

O último ciclo, e podemos dizer assim, a última perspectiva de análise do ponto de partida e de chegada do capital em seu processo de movimento, é o ciclo do capital-mercadoria M'–D'–M ... P ... M'. A mercadoria já valorizada, contendo mais-valia, está no início do ciclo, o que o diferencia dos dois ciclos anteriores, que partiam de D e P, ainda carentes de valorização. Neste ciclo fica mais evidente ainda que a origem do capital está no trabalho anterior do trabalhador. A venda da mercadoria precisa acontecer logo no início, como indica a primeira fase M'–D'. Note que D e P como pontos de partida não necessariamente poderiam ser considerados capital, haja vista que a forma material em que aparecem não define sua natureza, a menos que D se transforme nas mercadorias força de trabalho e meios de produção, e P esteja em operação. M', por sua vez, já aparece no início como resultado de um processo de valorização anterior.

Portanto, as metamorfoses que o capital sofre através dos ciclos é o que caracteriza o processo de valorização. Por isso, Marx vai definir o capital como unidade dialética dos três ciclos. O capital monetário, em seu movimento contínuo, perpassa os outros dois ciclos, como também farão o capital produtivo e o capital-mercadoria. Daí Marx elabora a categoria capital industrial:

> As duas formas que o valor-capital adota dentro de suas fases de circulação são as de capital monetário e capital-mercadoria; sua forma correspondente à fase de produção é a de capital produtivo. O capital que no transcurso de seu ciclo global adota e volta a abandonar essas formas, e em cada uma cumpre a função que lhe corresponde, é o capital industrial – industrial, aqui, no sentido de que abarca todo ramo da produção conduzido de modo capitalista. (Marx, 1985, p. 41)

Com efeito, não é verdade que um determinado capital tenha que abandonar totalmente uma determinada forma funcional para, a partir daí, passar à outra forma. Ele pode existir simultaneamente nas três formas. Numa empresa como a Volkswagen, por exemplo, que começou com um determinado capital inicial, imaginemos um bilhão, é possível que, tendo iniciado o processo, parte daquele capital ainda se encontre na forma de capital monetário, enquanto outra parte já tenha sido usada para comprar os elementos do capital produtivo, força de trabalho e meios de produção, e uma última parte corresponda aos novos carros fabricados e prontos para entrar na esfera da circulação, ou seja, serem vendidos. Assim ele resume a questão:

> Capital monetário, capital-mercadoria, capital-produtivo não designam aqui tipos autônomos de capital, cujas funções constituam o conteúdo de ramos de negócios igualmente autônomos e mutuamente separados. Designam aqui apenas formas funcionais específicas do capital industrial, que assume todas as três uma após a outra. (Marx, 1985, p. 41)

Autonomização das formas funcionais do capital e suas formas de existência

A análise acima focou a necessidade que o capital tem de mudar de forma em sua busca de valorização. É imprescindível que ele esteja em movimento, metamorfoseando-se. Tomando qualquer um dos ciclos como ponto de partida (os pontos ao final indicam a continuidade do ciclo), o movimento de uma das formas conterá em seu interior as outras, como se pode ver a seguir:

Ciclo do capital monetário:
D–M...P...M'–D' D–M...P...M'–D' D–M...P...M'–D' ....

Ciclo do capital produtivo:
P...M'–D'–M...P P...M'–D'–M...P P...M'–D'–M...P ....

Ciclo do capital-mercadoria:
M'–D'–M...P...M' M'–D'–M...P...M' M'–D'–M...P...M' ....

Entretanto, nem sempre a mudança de forma acontece sem ranhuras. O objetivo do capital é retornar à forma dinheiro com valor incrementado, mas, como lembra Marx, citando Shakespeare, "o curso do verdadeiro amor nunca é suave".[1] Se a fase D–M não se completa, ou seja, se o dono de D resolve reter o dinheiro para comprar os elementos do capital produtivo apenas no futuro, o seu capital assume a "forma de capital monetário em alqueive, latente" (Marx, 1985, p. 58). Nesse momento da análise, Marx diz que não se aprofundará mais nessa questão, pois a continuidade exigiria que ele desenvolvesse a autonomização das formas funcionais como um desenvolvimento no sentido de facilitar as transições das formas e acelerar a rotação do capital.

Como já anunciamos antes, é esse salto que procuraremos fazer, trazendo elementos da distribuição, próprios do livro III, no qual Marx desenvolve as categorias capital comercial e capital portador de juros.

Da mesma forma que o movimento do capital pode encontrar barreiras se a fase D–M não se completar, outras perturbações podem acontecer se a mercadoria valorizada M' não for vendida

---

[1] No original, "the course of true love never does run smooth" (Shakespeare. *A Midsummer Night's Dream* [Sonho de uma noite de verão]. Ato I. Cena I *apud* Marx, 1996, p. 231).

(a fase M'–D'). Os ciclos envolvem os diversos capitais, de forma que o D–M de um capitalista significa, simultaneamente, o M'–D' de outro. No processo histórico de desenvolvimento do capitalismo, o crédito surge como solução daquelas perturbações. Um capitalista que ainda não transformou sua mercadoria em dinheiro pode, para começar outro ciclo de produção, comprar para pagar depois, por meio da emissão de títulos de crédito. De forma natural, as diversas etapas dos ciclos vão se tornando tarefas específicas de grupos de capitalistas, e assim as formas funcionais do capital – capital-dinheiro, capital produtivo e capital-mercadoria – se autonomizam, convertendo-se em capital portador de juros, capital produtivo e capital comercial.

Nesse sentido, a ação do capital portador de juros dinamiza o processo de acumulação de capital na medida em que supre os problemas de demanda causados pelas eventuais ações de entesouramento, isto é, a não utilização do dinheiro para novas compras, que também pode ocorrer por particularidades do processo produtivo. Uma máquina participa do processo de produção de mercadorias que são vendidas em fluxo contínuo, gerando um rendimento cuja parcela corresponde a parcelas da depreciação que serão acumuladas para compra de nova máquina apenas no futuro. Assim, a criação dos sistemas de crédito viabilizou a aquisição do capital fixo na forma de máquinas e equipamentos, ao mesmo tempo em que dinamizou a rotação do capital, reduzindo custos em suas várias fases cíclicas. Logo, o crédito é essencial nesse processo, mas, também, gera tensões a serem resolvidas mais adiante, pois a riqueza produzida terá sua contrapartida numa imensa acumulação de dívidas ao longo do processo.

Portanto, com a autonomização das formas funcionais do capital surgem capitais autônomos especializados nas diversas etapas dos ciclos. É o momento em que se pode falar dos capitais que se ocupam especificamente das tarefas comerciais, os que se ocupam da produção e os que se ocupam das atividades vulgarmente chamadas de financeiras.

Num menor nível de abstração, algo mais próximo do mundo real e concreto dos diversos capitais, temos os capitais particulares atuando no mundo da concorrência. São as formas de existência do capital que muitas vezes obscurecem os limites entre as formas autônomas do capital, dado que uma mesma empresa pode se especializar em determinado setor, por exemplo, o comércio, sem abandonar atividades próprias da produção ou das atividades bancárias, entre outras. É comum vermos um grande supermercado que vende milhares de mercadorias produzidas por outros fabricantes, mas que também vende o leite proveniente das fazendas de seus proprietários e ainda concedem crédito aos consumidores finais.

Caminhando para o final

Como vimos, o fenômeno que analisamos possui determinações mais gerais, abstratas, mas também muitas outras mais particulares e concretas. Daí podemos aferir que, por exigir formas diferenciadas de existência concreta do capital em geral, a mais-valia global, produzida socialmente, assume também formas distintas de existir, como lucros produtivos, lucros comerciais, rendas de aluguéis, juros e até mesmo lucros com certos tipos de especulação. Assim, não poderíamos terminar esse capítulo sem tratar de um aspecto que consiste nos desdobramentos da evolução do capital portador de juros, permitindo o surgimento de formas bastante especiais de especulação.

Parece fácil perceber o papel do sistema de crédito. Ele integra os empréstimos de dinheiro a juros permitindo a antecipação de gastos para o giro da produção, para novos investimentos, para o consumo final e também para a negociação de dívidas antigas. Normalmente, esse sistema de empréstimos é exercido pelos bancos e financeiras, que esperam seu retorno acrescido de juros e outros encargos cobrados para sua operação. Entretanto, os emprestadores de dinheiro costumam cobrar taxas extras para cobrir o risco de cada empréstimo, chamadas *spreads*. A definição dessas taxas de risco pode levar em conta o histórico da liquidação dos empréstimos, desde os mais antigos, mas também podem carregar uma dose acentuada da simples especulação.

Essa tem sido a forma mais primitiva de especular a partir de operações de crédito. Entretanto, com a evolução das formas de financiamento das empresas, chegou-se à constituição das sociedades anônimas, cujas ações são compradas e vendidas nas bolsas de valores, tendo seus preços definidos por pura especulação acerca do volume de dividendos que podem resultar de sua posse no futuro. Porém, o simples fato de se colocar um lote de ações em leilão nas bolsas de valores pode levar a uma oscilação de seu preço, independente do que efetivamente a empresa que ele deveria representar pode distribuir aos sócios na forma de dividendos.

Dessa forma, é possível que no mercado de ações os preços das empresas variem por simples alterações nas informações que os especuladores fazem circular. Isso promove uma dinâmica mais autônoma à oscilação dos preços desses papéis, especialmente se consideradas as condições reais do desempenho das empresas que elas deveriam representar, resultando em ganhos e perdas por efeito da especulação.

Imaginemos, então, a possibilidade de crescimento das alternativas de especulação ante a queda geral dos lucros nos circuitos de produção e de comercialização de mercadorias. Foi exatamente isso que ocorreu nas últimas décadas. A incapacidade de solução para a crise mundial que se alastrou, envolvendo as grandes potências capitalistas e seus satélites, levou a uma corrida sem precedentes às oportunidades especulativas que se abriram e se multiplicaram, tornando ainda mais difícil a recuperação das taxas médias de crescimento econômico experimentadas nas décadas anteriores.

O domínio dessas operações especulativas sobre as decisões nas demais esferas de valorização do capital tem sido a grande novidade. Os contratos de dívidas públicas e privadas, além daqueles vinculados a operações comerciais e de compra e venda de ações, passaram a servir de base para a emissão de uma série de títulos daí derivados, de apostas sobre taxas de juros e de câmbio no futuro, por exemplo, abrindo um imenso leque de novos produtos especulativos, num volume gigantesco de transações internacionais nunca experimentados na história do capitalismo.

Os efeitos dessa nova onda de aplicações com títulos derivativos, como são chamados, gerou uma nova dinâmica nas decisões econômicas públicas e privadas em todo o mundo. Isso proporciona uma mudança radical nas relações de domínio e de subordinação próprias do capitalismo organizado em âmbito mundial, uma vez que os circuitos de especulação, com os novos instrumentos que criam a todo momento, passam a comandar as políticas governamentais e as orientações empresariais, envolvendo todos os aspectos da vida no planeta. Exemplo disso tem sido a difusão de uma série de mecanismos de titulação mercantil de áreas antes inimagináveis, como a proteção da diversidade ecológica contra a degradação do meio ambiente – por meio da comercialização de outorgas, pagamento por serviços ambientais, títulos de fixação de carbono – sob o guarda-chuva do sistema de redução de emissões decorrentes do desmatamento e da degradação de florestas (conhecido por REDD), por exemplo.

A título de conclusão, diante do que expusemos aqui, parece ficar cada vez mais evidente a ausência de rigidez teórica no uso indiscriminado do termo *capital financeiro*. Parece especialmente fazer sentido chamar a atenção para isso porque, do contrário, estaríamos misturando no mesmo balaio todas essas formas nitidamente diferenciadas de acumulação, mesmo que possamos considerar que elas surjam historicamente por derivações do desenvolvimento do sistema de crédito.

Na nossa concepção, é preciso que façamos uma rígida distinção em cada uma das derivações das formas funcionais do capital, como nos ensinou Marx, para que compreendamos o que de fato está determinando a reprodução da crise econômica mundial, que há muito tempo se revela como uma grande depressão.

Referências

MARX, Karl; ENGELS, Friedrich. *Collected works*. Moscow: Progress, v. 42, 1987.

MARX, Karl. *O capital: crítica da economia política*. Livro I, v. I. São Paulo: Editora Nova Cultural, 1996.

MARX, Karl. *O capital: crítica da economia política*. Livro II, v. I. São Paulo: Editora Nova Cultural, 1985.

MARX, Karl. *Grundrisse. Manuscritos econômicos de 1857-1858: esboços da crítica da economia política*. São Paulo/Rio de Janeiro: Boitempo/UFRJ, 2011.

O capital portador de juros em Marx

Olga Pérez Soto
Gustavo Moura de Cavalcanti Mello

Os limites históricos da crítica à usura

Este capítulo pretende tratar da forma capital portador de juros e de seu desenvolvimento histórico como parte do processo de acumulação capitalista, o que pressupõe retomar alguns passos teóricos dados por Marx até a apresentação dessa categoria imprescindível para entender o sistema de crédito e o recente processo de "globalização financeira".

Desde tempos imemoriais, de "antes do Dilúvio", diria Marx, havia pessoas engajadas em enriquecer emprestando dinheiro a juros. Um grande pensador da Antiguidade, Aristóteles, mais de 300 anos antes de Cristo, dizia que "o agiota é odiado com toda justiça, porque o próprio dinheiro é aqui a fonte do ganho e não é usado de acordo com o fim para o qual ele foi inventado" (citado por Marx, 1996a, p. 283). Muitos séculos depois, nos primórdios do capitalismo, Lutero, o "pai" do protestantismo, considerava que o usurário "causa prejuízo a seu próximo, como se furtasse ou roubasse", e concluía: "não há, assim, nenhum inimigo maior do homem sobre a Terra (depois do demônio) do que o avarento ou o usurário, pois ele quer ser Deus sobre todos os homens". Por esse motivo, ele deveria ser "expulso, amaldiçoado e decapitado", "deveria estar pendurado de uma forca e comido por tantos corvos quantos fossem os florins por ele roubados" (Lutero citado por Marx, 1996b, p. 225).

Mais recentemente, o ódio aos judeus, que teve sua expressão mais terrível no extermínio em massa provocado pelos nazistas, muitas vezes foi (e ainda é) justificado por meio da identificação dos judeus como um povo usurário. Entre outros motivos, isso levou Hitler a chamar o judeu de "parasita incorporado ao organismo dos outros povos [...] que, tal qual um bacilo nocivo, propaga-se cada vez mais, assim que se encontra em condições propicias" (Hitler, s/d., p. 300-301).

A experiência cotidiana de muitos de nós parece confirmar essa visão sobre a existência de uma camada usurária que nada faz além de sugar o sangue de quem trabalha, que nos dias de hoje é atribuída aos bancos. Mas para canalizarmos direito a nossa revolta contra essa situação é preciso conhecer melhor nossos inimigos. Não fazer coro com Hitler certamente é um bom começo. E desconfiar, sempre. Mesmo do que dizem Aristóteles e Lutero. Afinal, o pensador grego, por exemplo, considerava os escravizados meros "instrumentos falantes", e justificava a escravidão pelas "leis da natureza" e pela "convenção" (Aristóteles, 1998, p. 61-71). No mesmo sentido, Lutero pregava que "um reino terreno não pode existir sem desigualdade entre as pessoas. Alguns devem ser livres, outros servos; alguns governantes, outros governados" (Lutero citado por Shapiro, 1909, p. 82). E ao mesmo tempo em que se insurgia contra a corrupção na Igreja Católica de então, Lutero defendia os governantes e condenava violentamente as tentativas de libertação popular, sempre em nome de Deus. Em suas palavras, "Deus prefere que existam os governos, por piores que sejam, do que permitir à ralé que se amotine, por mais razão que tenha" (Lutero citado por Shapiro, 1909, p. 80). E diante das revoltas camponesas do início de 1520, ele defende que

> aquele que mata um rebelde [...] faz o que é certo [...]. Portanto, todos os que puderem devem punir, estrangular ou apunhalar, secreta ou publicamente [...]. Os que perecerem nessa luta devem

realmente ser considerados felizes, pois nenhuma morte mais nobre poderia ocorrer a ninguém. (Lutero citado por Shapiro, 1909, p. 85)

Vemos que entre um revolucionário e um usurário, Lutero escolheria jogar ambos na fogueira...

Acumulação de capital e desenvolvimento do crédito: o capital portador de juros como relação social capitalista

A essa altura do livro já sabemos que, sob o capitalismo, o que move o mundo é a acumulação de capital baseada na exploração do trabalho. O capitalista industrial contrata trabalhadores e trabalhadoras e compra meios de produção, e durante o processo de trabalho ocorre a valorização do capital, a sua expansão, num movimento que não pode parar jamais. Assim, o capital vai mudando de forma: ele agora é dinheiro, no momento seguinte ele vira mercadorias – como cimento, betoneira, tijolos, e sobretudo a força de trabalho de pedreiros e ajudantes –, e no momento seguinte ele já é outra mercadoria – um prédio –, que já carrega a mais-valia. Quando a construtora vende os apartamentos, ele vira dinheiro de novo, mais dinheiro do que aquele que era no início, e assim por diante.

Mas vamos olhar esse processo mais de perto. Sabemos que nós costumamos labutar o dia inteiro, ou a semana inteira, e muitas vezes o mês inteiro, e só depois recebemos os salários. Assim, durante esse período, adiantamos trabalho gratuitamente ao empresário, sem direito a nenhuma compensação por isso. Mas entre capitalistas a coisa é diferente: para construir um edifício, conforme o exemplo anterior, o empresário sempre corre atrás de empréstimos, contando que, depois de pronta, a obra vai lhe render um dinheiro que permite pagar a quem deve e ainda gerar ganhos para ele.

Ou seja, para realizar o "milagre da multiplicação" – por meio da exploração do trabalho – o capital precisa estar em constante movimento. Mas para ganhar dinheiro com esse movimento o capitalista não precisa necessariamente investir na produção. Pode ser que ele não tenha o capital na quantidade suficiente para isso, ou pode ser que ele ache esse tipo de investimento muito arriscado ou muito trabalhoso, dado o contexto. Seja como for, os empresários podem optar por emprestar seu dinheiro a juros, recebendo ao final do período acordado o montante que ele emprestou, e mais esses juros de 5%, 10%, ou seja lá o que foi combinado.

E como essa taxa de juros vai ser definida? Justamente pela concorrência entre os capitalistas que querem emprestar e os que querem tomar empréstimos. Se aumentar muito o número dos que querem emprestar e o volume do dinheiro a ser emprestado, sem um aumento correspondente dos que procuram empréstimos, a tendência é a taxa de juros cair. E vice-versa. Por exemplo, sabemos que um dos grandes objetivos da "reforma" trabalhista é precarizar as condições de trabalho, destruir direitos e assim por diante, de modo a reduzir os custos da força de trabalho. Se isso produzir uma elevação nas perspectivas de lucro por parte dos capitalistas industriais, eles podem achar um bom negócio tomar mais empréstimos, mesmo a uma taxa de juros mais alta, de modo a aumentar seus investimentos e expandir sua produção.

Sabemos, então, que os juros são uma forma de repartição da mais-valia produzida entre o emprestador e o tomador do empréstimo (entre o credor e o devedor). Entretanto, para quem realiza o empréstimo, tanto faz a forma como vai ser usado esse dinheiro; tudo o que importa para ele é que receba o seu dinheiro, acrescido de juros, no devido tempo, conforme definido por contrato e protegido pela justiça (e, se preciso for, pela polícia). Assim, com o capital portador de juros fica ainda mais forte a ilusão de que o capital pode se valorizar de modo independente da extração de mais-valia, independente da exploração dos trabalhadores e trabalhadoras na esfera produtiva. Fica parecendo, assim, que a capacidade de sua multiplicação é uma propriedade "natural" do dinheiro. Enfim, com o capital portador de juros, o dinheiro parece gerar mais dinheiro, assim como uma laranjeira dá laranjas (cf. Marx, 1984b, p. 294). O fetichismo do capital se torna ainda mais forte.

Mas para compreender a forma capital portador de juros e seus papéis na dinâmica de reprodução de capital, devemos dar alguns passos atrás. Marx, n'*O capital*, partindo do estudo da mercadoria e de seu caráter contraditório, mostra como surge o dinheiro. A partir do desenvolvimento deste por meio de suas funções e de sua forma de circulação, ele apresenta a transformação do dinheiro em capital, bem como as modalidades de extração de mais-valia e sua retransformação em capital. Com isso, ele consegue explicar como se dá o processo de acumulação, a "reprodução ampliada do capital". Logo, o capital é dinheiro, é mercadoria, é produção, é circulação, é um conjunto de relações sociais de produção.

No desenvolvimento dessa reprodução ampliada, por meio da capitalização da mais-valia, o crédito desempenha um importante papel, ao mesmo tempo de "alavanca" e "freio" da acumulação. Nas palavras de Marx,

> com a produção capitalista constitui-se uma potência inteiramente nova, o sistema de crédito, que, em seus primórdios, se insinua furtivamente como modesto auxiliar da acumulação [...], mas logo se torna uma nova e temível arma na luta da concorrência e finalmente se transforma em enorme mecanismo social para a centralização dos capitais. (Marx, 1996b, p. 258)

Assim, o sistema de crédito tem que ser compreendido à luz de tendências fundamentais da acumulação de capital. Se o capital possui uma fome insaciável por mais-valia; se ele busca a maior mobilidade possível, tendo como campo de atuação o mercado mundial; se ele precisa se manter em constante movimento, procurando diminuir ao mínimo o tempo em que se encontra imobilizado em alguma de suas formas e acelerar ao máximo o seu tempo de rotação; se ele busca subordinar e explorar infinitamente os recursos naturais e a força de trabalho, na maior escala possível, ele precisa, necessariamente, desenvolver a forma capital portador de juros e o sistema de crédito. Portanto, esse sistema é ao mesmo tempo produto e pressuposto da produção capitalista; pois, como pergunta Marx, sem o crédito, "haveria sido possíveis a grande indústria moderna, as sociedades por ações etc., as milhares de formas de títulos de circulação, que são ao mesmo tempo os produtos e as condições de produção do comércio moderno e da indústria moderna?" (Marx, 1973, p. 45).

Sabemos que não, de tal modo que "a formação do capital produtor de juros, sua dissociação do capital industrial, é produto necessário do desenvolvimento do capital industrial, do próprio modo de produção capitalista" (Marx, 1980, p. 1.511; cf. Marx, 1984b, p. 216), e isso desde seus primórdios. Revela-se assim, logo de saída, o quão problemático seria reduzir nosso esforço de crítica às formações sociais capitalistas apenas à chamada esfera financeira. Como já denunciava Marx, diante desse tipo de equívoco,

> fica assim evidente por que a crítica superficial – do mesmo modo que defende a mercadoria e ataca o dinheiro – lança-se agora, com sua sabedoria reformista, contra o capital produtor de juros, sem atingir a produção capitalista real; apenas impugna um de seus resultados. (Marx, 1980, p. 1497)

Em contrapartida, como veremos melhor adiante, o desenvolvimento do capital portador de juros e de toda a estrutura empresarial e institucional que lhe acompanha não apenas promove a acumulação, mas aprofunda seu caráter contraditório, já que, "ao mesmo tempo, o banco e o crédito tornam-se assim o meio mais poderoso de impelir a produção capitalista além de seus próprios limites, e um dos veículos mais eficazes das crises e da fraude" (Marx, 1986, p. 106-107).

Do dinheiro ao dinheiro de crédito

Por sua importância para o desenvolvimento do crédito, cabe relembrar alguns importantes momentos da exposição sobre o dinheiro feita por Marx. Enquanto categoria econômica, o dinheiro é uma mercadoria especial que se separou do mundo das mercadorias para cumprir a função social de equivalente de todas as demais mercadorias. Portanto, o dinheiro é uma forma historicamente determinada de estabelecer os vínculos econômicos entre os produtores de mercadoria. O dinheiro é, assim, uma relação social que expressa – qualitativa e quantitativamente – o trabalho social de tais produtores.

A essência do dinheiro se realiza em suas funções, cujo estudo é a continuação lógica da análise da forma de valor das mercadorias, mas não se deve confundir essas funções do dinheiro com sua essência. O desenvolvimento da produção mercantil leva ao desenvolvimento da circulação mercantil, na qual o dinheiro perfaz as funções de medida de valores, meio de circulação, meio de entesouramento, meio de pagamento e de dinheiro mundial.

Como parte do desenvolvimento da produção mercantil, a função do dinheiro como meio de pagamento torna os atos de compra e venda de mercadorias mais complexos, permitindo uma maior separação desses atos no tempo e no espaço. Aqui, um produtor de tecidos pode adquirir um grande fornecimento de fios, mas realizar o pagamento daqui a três meses, por exemplo, de modo que o dinheiro deixa de atuar como meio de compra para atuar, mais tarde, como meio de pagamento. Nesse caso, o vendedor entrega a mercadoria em troca de uma promessa de pagamento futuro, e o dinheiro só entra em cena no final do prazo definido para compensar as dívidas estabelecidas entre esses empresários. Surgem, assim, novas relações – as relações de crédito –, no interior das quais o vendedor se converte em credor, e o comprador, em devedor. E como um mesmo credor pode eventualmente oferecer crédito a vários indivíduos, e ao mesmo tempo tomar empréstimos de outros tantos, são assim estabelecidas grandes cadeias de pagamentos. Diga-se de passagem, a dissociação, no tempo, entre compra e venda e a formação de tais cadeias de pagamento abrem a possibilidade de grandes crises comerciais, caso alguns desses compromissos de pagamentos sejam descumpridos.

Na função do dinheiro como meio de circulação, percebia-se que seu movimento estava condicionado pela circulação de mercadorias; já como meio de pagamento, a circulação de dinheiro adquire uma relativa autonomia – torna-se meio de compensar as dívidas que surgem a partir das transações mercantis que são feitas a crédito. Além disso, na função de meio de pagamento, o dinheiro torna-se pressuposto de outras relações econômicas, intermediando o pagamento de aluguéis, impostos etc.

É importante analisar a relação dialética existente entre essa e outras funções do dinheiro. Assim, o dinheiro como meio de pagamento funciona como:
- medida de valores ao expressar o preço da mercadoria vendida;
- meio ideal de compra ao fazer com que a mercadoria troque de mãos, atuando indiretamente como meio de circulação representado por uma promessa de pagamento de dinheiro no futuro;
- meio de entesouramento, na medida em que o comprador tem que acumular o dinheiro suficiente para dar resposta a essa promessa;
- meio de pagamento ao entrar na circulação, mas não para intermediar o processo de circulação, e sim para fechá-lo.

Em suma, a base econômica e a necessidade do crédito na produção de mercadorias estão dadas já na separação cronológica entre os atos da troca, e a realização do preço das mercadorias responde a um ajuste das condições de comércio das mercadorias às suas condições de produção. Na produção mercantil desenvolvida, uma grande massa de mercadorias circula graças ao crédito, tornando mais independente e contraditório o movimento do valor de uso e do valor.

Vimos que a produção capitalista exige e impulsiona o comércio de dinheiro e a circulação do capital na forma de capital portador de juros, bem como o desenvolvimento de instituições que se especializam na realização dessas funções. O florescimento comercial, em particular em escala internacional, foi aqui decisivo. Antigamente, nos primórdios do capitalismo, o pagamento ou a compensação dessas transações comerciais era feita, no devido tempo, por meio de metais preciosos (principalmente ouro ou prata), ou em moedas de diferentes designações. Em contrapartida, esse tipo de comércio muitas vezes não era feito à vista; ao contrário, ele deu origem à criação de letras de câmbio, compromissos de pagamento, dentro de determinados prazos estabelecidos entre capitalistas. Essas letras de câmbio, esses títulos de dívida, representavam certa quantidade de riqueza, e também passaram a circular, a garantir pagamentos etc., mas isso em grande medida dependia da confiança dos capitalistas em sua validade, de modo que uma letra de câmbio podia ser aceita numa determinada localidade, mas na região vizinha poderia não valer nada.

Para reduzir os custos de transporte e a insegurança dessas transações comerciais, e para superar os limites das letras de câmbio, relativos aos prazos de vencimento e à sua validade territorial, algumas instituições passaram a concentrar as tarefas de câmbio de moedas (Marx, 1986, p. 239), outras a armazenar metais preciosos e letras de câmbio. Nesse caso, ao receber esse tipo de depósito, essas instituições davam ao depositante um documento registrando que aquele determinado montante era de fulano ou beltrano. Esse documento, esse novo título de dívida, viria a ser conhecido como notas bancárias, que passaram a circular pela economia de forma ainda mais frequente e abrangente do que as letras de câmbio.

Ao ampliar seu poder econômico, tais instituições foram multiplicando as tarefas relativas ao comércio de dinheiro e passaram a realizar empréstimos a juros, muitas vezes na forma de notas bancárias que superavam em muito a riqueza que detinham em seus cofres. Trata-se de uma das formas de produção de capital fictício, como será visto no próximo capítulo. Da mesma forma, no capítulo adiante sobre o papel do Estado moderno no sistema de crédito, veremos o caso da Inglaterra, em que um grande banco privado passou a monopolizar a função de empréstimo de dinheiro ao governo, e posteriormente recebeu da Coroa o monopólio da emissão monetária, ou seja, as notas bancárias daquela instituição financeira tornaram-se a moeda nacional oficial. Nesse sentido, o dinheiro que carregamos no bolso é uma forma de dinheiro de crédito e sua origem é privada, resultado da concorrência entre capitalistas, e não uma mera invenção estatal. Mas isso será melhor discutido adiante.

O fato é que cada vez mais as atividades econômicas de modo geral vão sendo intermediadas pelo sistema bancário, de forma que boa parte das transações comerciais e dos pagamentos de dívidas passam a se efetivar por meio de transferências de saldos dos depósitos à vista. Quando eu uso um cartão de crédito, por exemplo, o banco realiza uma operação eletrônica que modifica automaticamente um registro na minha conta bancária e na conta bancária do comerciante. Não há circulação de nada, a não ser de uns pulsos elétricos; essa operação é contábil, e costuma ser chamada de "escritural". Todas essas formas que mencionamos – as letras de câmbio, as notas bancárias, enfim, esse dinheiro escritural – são chamadas por Marx de dinheiro de crédito, que há tempos, portanto, são a forma por excelência do dinheiro como meio de circulação.

O crédito no processo global da produção capitalista

No capítulo anterior, vimos a relação entre o capital portador de juros e o processo de circulação do capital social total com base nos ciclos do capital-dinheiro, do capital-mercadoria e do capital-produtivo, e em suas interconexões. Aqui, iremos considerar o capital portador de juros e a forma crédito no contexto das contradições próprias à distribuição e apropriação da mais-valia globalmente produzida. Nesse processo, a mais-valia se expressa em distintas "formas transfiguradas", formas transformadas, que acabam por ocultar a sua origem: a primeira delas é o lucro, outra tem a ver com os juros e os dividendos, ao que se soma ainda as rendas absoluta, diferenciais e de monopólio, estudadas por Marx na penúltima seção d'*O capital*.

Como vimos, o capital portador de juros é uma das manifestações mais fetichistas e irracionais do capital, por meio da qual o capital adquire um valor de uso adicional, o de se reduzir a si próprio à condição de mercadoria-capital. Seja na forma de mercadorias, como máquinas que podem ser alugadas, seja na forma de dinheiro, que pode igualmente ser emprestado, o capital portador de juros adquire independência e funciona como capital em potência, que pode ser empregado produtivamente, de modo a extrair mais-valia. Nesse sentido, o crédito permite que o capitalista industrial disponha de capital alheio para explorar trabalho alheio, numa extensão que é tanto maior quanto mais desenvolvido o sistema bancário e financeiro, e quanto maior a confiança de que o tomador de empréstimos irá cumprir com seus compromissos, devolvendo, no devido prazo, o dinheiro que tomou emprestado acrescido dos juros.

A divisão entre credor e devedor corresponde à divisão entre o capitalista proprietário e o chamado "capitalista funcionante", que é quem de fato emprega esses recursos para valorizar o valor. Há aqui uma separação entre o capital enquanto propriedade e o capital enquanto gestão, que por sua vez corresponde ao desdobramento do lucro médio em juros e "lucro empresarial". Surge uma nova ilusão e inversão fetichista, pois o lucro parece ser aqui uma espécie de salário do gestor, o que sobraria depois de cumpridas as obrigações financeiras. Nesse processo, as coisas parecem viradas do avesso: as atividades financeiras que, como sabemos, operam uma *distribuição* da mais-valia extraída no interior da produção, aparecem, ao contrário, como a própria condição de existência da mais-valia, e com isso o lucro aparece como um desdobramento dos juros. O capital portador de juros, em suas diversas formas, tende a adquirir, assim, um enorme poder sobre a dinâmica global da acumulação de capital. Nas palavras de Marx (1986, p. 72),

> o sistema de crédito, que tem seu núcleo nos pretensos bancos nacionais e nos grandes prestamistas e usurários a seu redor, constitui uma centralização enorme e dá a esta classe de parasitas um poder

fabuloso não só de dizimar periodicamente os capitalistas industriais, mas de intervir da maneira mais perigosa na produção real – e este bando nada entende da produção e nada tem a ver com ela.

Apesar de longo, o trecho a seguir sintetiza muito bem essas tendências contraditórias próprias ao sistema de crédito:

> Se o sistema de crédito aparece como a alavanca principal da superprodução e da superespeculação no comércio é só porque o processo de reprodução, que é elástico por sua natureza, é forçado aqui até seus limites extremos, e é forçado precisamente porque grande parte do capital social é aplicada por não proprietários do mesmo, que procedem, por isso, de maneira bem diversa do proprietário, que avalia receosamente os limites de seu capital privado, à medida que ele mesmo funciona. Com isso ressalta apenas que a valorização do capital, fundada no caráter antitético da produção capitalista, permite o desenvolvimento real, livre, somente até certo ponto, portanto constitui na realidade um entrave e limite imanentes à produção, que são rompidos pelo sistema de crédito de maneira incessante. O sistema de crédito acelera, portanto, o desenvolvimento material das forças produtivas e a formação do mercado mundial, os quais, enquanto bases materiais da nova forma de produção, devem ser desenvolvidos até certo nível como tarefa histórica do modo de produção capitalista. Ao mesmo tempo, o crédito acelera as erupções violentas dessa contradição, as crises e, com isso, os elementos da dissolução do antigo modo de produção. (Marx, 1984b, p. 335)

Vejamos alguns desdobramentos dessa dinâmica contraditória ao longo da história.

Evolução da forma crédito na contemporaneidade: uma breve síntese

Até certa altura do século XX, as notas bancárias deveriam estar respaldadas por uma determinada quantidade de ouro – o "lastro metálico" –, e o Estado era, em certa medida, responsável por assegurar a conversibilidade dessas notas. Devido ao poder que brotava do monopólio da emissão monetária e aos enormes ganhos que poderiam ser abocanhados em função da diferença entre o valor de face da moeda e seu custo de fabricação – a "senhoriagem"

–, o Estado passou a centralizar e a monopolizar essa emissão, em meio a um processo complexo que eventualmente conduziu à criação dos bancos centrais e à sua estatização (conforme será visto adiante no capítulo sobre o papel do Estado moderno no sistema de crédito, os bancos centrais se espalharam pelo mundo entre o final do século XIX e as primeiras décadas do século XX).

Vimos, em compensação, como surgiram as notas bancárias, sobretudo em contrapartida de depósitos em ouro, dinheiro, letras de câmbio, entre outros. Em princípio, não seria de se esperar que todos os clientes sacassem seus depósitos ao mesmo tempo, de modo que os bancos começaram a emitir notas em volumes superiores aos montantes que se encontravam em seus cofres, primeiro de forma escondida e mal-vista, e depois com o acordo explícito e interessado dos Estados, que cada vez mais dependiam dos empréstimos por parte de grandes instituições financeiras. Com o passar do tempo, foram sendo produzidas normas legais que determinavam a manutenção em caixa, por parte dos bancos, de uma fração do dinheiro neles depositado (o chamado "regime de reservas fracionárias"). Com isso, foi legitimado o processo de criação de uma espiral de créditos e depósitos capaz de gerar no seio do próprio sistema bancário um volume de dinheiro muito superior ao emitido pelo Estado.

A criação desse "dinheiro bancário", mediante simples anotações contábeis, alimentava o fantasma da crise bancária, de modo que a eventual perda da confiança na solvência dos bancos podia originar episódios de "pânico bancário", quer dizer, de "corridas" de depositantes com vistas a retirar seus depósitos à vista o mais rápido possível, o que acabava por precipitar a insolvência dessas instituições (e esse risco foi outro importante fator que levou à consolidação dos bancos centrais).

Com a consolidação do Sistema de Bretton Woods, resultado de uma série de reuniões ocorridas em meio à Segunda Guerra Mundial que culminaram em uma conferência realizada em 1944, o sistema financeiro internacional foi profundamente modificado.

A partir dele, foi estabelecido que os bancos centrais mantivessem reservas em dólar, facilitando a expansão internacional dos negócios dos bancos estadunidenses, que passaram a ser capazes de criar um dinheiro propriamente mundial, enquanto os bancos do resto do mundo somente podiam criar "dinheiro bancário" em escala nacional. Nestes marcos, estabeleceu-se um sistema de câmbio fixo cuja defesa foi encomendada ao Fundo Monetário Internacional (FMI) – na prática, uma correia de transmissão do *Federal Reserve* (FED), o banco central estadunidense. Assim, o FMI, longe de ser um banco emissor em escala mundial, procurava pressionar os países a respeitarem as paridades cambiais, e oferecia alguns empréstimos a países que estavam acumulando déficits em suas relações econômicas com o resto do mundo.

O compromisso dos Estados Unidos em ajudar a reconstrução dos países da Europa Ocidental por meio do Plano Marshall (1948-1952) foi a contrapartida para o estabelecimento de regras do arranjo monetário que resultaram tão favoráveis aos Estados Unidos. A maior parte do capital monetário que o referido plano ofereceu à Europa, em forma de crédito e subvenções, serviu para pagar importações procedentes dos EUA, que no imediato pós-guerra acumulou imensos superávits em suas balanças comercial e de conta corrente. Não obstante, os Estados Unidos não demoraram em tirar cada vez mais partido do privilégio de ser a "fábrica" do dinheiro mundial, elevando fortemente as "emissões", promovendo uma monumental corrida armamentista, financiando uma ampla onda de investimentos externos e ampliando suas importações até tornar sua balança comercial negativa, em 1971 (pela primeira vez no século, diga-se também, de passagem).

Esta saída massiva de dólares foi feita sem o respeito ao compromisso de manutenção da conversibilidade do dólar em ouro. Assim, em 1971, as reservas de ouro dos Estados Unidos somente podiam assegurar a conversibilidade de uma sexta parte de seus passivos em dólares ante outros países. Neste mesmo ano, sob pressão internacional, admitiu-se formalmente a inconversibilidade do dólar. A partir daí, a imensa dívida estadunidense com o restante do mundo não seria reembolsada em ouro ou qualquer outra moeda: seus titulares tiveram que se contentar com anotações contáveis referidas exclusivamente em "dólares-papel", em dinheiro fiduciário.

Esse processo abalou ainda mais a confiança no dólar e implicou em sua desvalorização e no colapso do sistema de câmbio fixo estabelecido pelo Sistema de Bretton Woods. Essas transformações no "sistema monetário" internacional referendaram o caráter virtual do mundo financeiro. Uma vez suspensa a convertibilidade dólar-ouro e esgotado o intervencionismo em favor do dólar, optou-se por "flexibilizar" os câmbios e "desregulamentar" a atividade financeira, confiando que o poderoso sistema bancário e financeiro estadunidense seria beneficiado com a nova situação. Ocorre que, se houve uma reafirmação do dólar como dinheiro mundial, em contrapartida foram reforçados os mecanismos de criação de dinheiro por parte dos conglomerados financeiros. Esses mecanismos já haviam demonstrado seu alcance nos chamados "euromercados", no interior dos quais a circulação de dólares ocorria longe das regras do banco central estadunidense.

Decisivo aqui foi o "choque dos juros" promovidos pelo FED sob gestão de Paul Volcker, na virada dos anos 1970 para os anos 1980, pois essa forte e abrupta elevação dos juros fez com que aquela torrente de dinheiro circulando nos mercados financeiros fosse canalizada para os Estados Unidos, aumentando sua influência e servindo, em certo sentido, de lastro para o dólar. Uma consequência dessa política foi a "quebradeira" de uma série de países periféricos – Brasil, inclusive – que haviam se tornado dependentes da atração daquelas massas de capital-dinheiro. Tão logo esse manancial secou, esses países foram aprisionados na chamada "crise da dívida", e foram levados a recorrer a empréstimos do FMI. Um verdadeiro "cavalo de Troia", pois a contrapartida desses empréstimos era a realização de série de "reformas estruturais" de cunho neoliberal: privatizações, aberturas comercial e financeira, políticas de austeridade fiscal etc. – armadilha na qual o Brasil e vários outros países (ou melhor, a população trabalhadora do Brasil e de vários outros países) estão presos até hoje. Nesse contexto, por aqui a espiral de endividamento só se fez aumentar e o conjunto das políticas econômicas passou a ter como principal objetivo remunerar fartamente os credores, tendo como consequência as chamadas desindustrialização e reprimarização da economia, o agravamento da dependência tecnológica, as baixíssimas taxas de crescimento, os elevados índices de desemprego, entre outros.

Em suma, desde o início dos anos 1970 foi-se conformando um sistema financeiro global que é o resultado de um conjunto de fatores que incidiram em sua estrutura e composição e que se manifestam no chamado processo de globalização financeira por meio de uma série de tendências, em função das quais

- grande quantidade de dinheiro passa a ser intermediada por instituições bancárias e não bancárias, de modo que circulam pelo mercado mundial grandes massas de capital-dinheiro que necessitam encontrar uma colocação rentável;
- ocorre um forte desenvolvimento do processo de desregulamentação e liberalização financeira como parte dos ajustes institucionais necessários para garantir o movimento das referidas massas de capital-dinheiro em escala mundial;
- são implementadas importantes transformações nas estruturas de intermediação financeira, pois inicialmente as emissões de títulos financeiros, em circulação nas bolsas de valores e noutros mercados, deslocaram o crédito dos bancos comerciais como as principais fontes de financiamento. No momento seguinte, o sistema bancário tradicional reagiu, e esse movimento de adaptação ao novo contexto acabou por originar grandes conglomerados financeiros, tendendo a borrar as fronteiras entre bancos comerciais,

bancos de investimento e todo um conjunto de instituições financeiras (fundos de investimento, fundos hedge, fundos mútuos, seguradoras, gestoras de ativos, fundos de *private equity, special purpose vehicles* etc.), que assumiram protagonismo em meio à globalização financeira;

- paralelamente, deu-se um intenso processo de diversificação e inovação financeira, inclusive com a conversão de todo tipo de dívidas estatais e privadas em títulos financeiros – a chamada "securitização" da dívida. Essa onda financeira, que provocou o crescimento explosivo dos mercados secundários, nos quais esses títulos são transacionados, foi uma resposta às necessidades de se proteger e redistribuir os riscos dos investimentos, de reacomodar os investimentos empresariais segundo as novas condições da acumulação global de capital e de incrementar a mobilidade do capital. Tudo isso ocorre junto a uma nova onda de transnacionalização produtiva, condicionada por inovações tecnológicas – a chamada Terceira Revolução Industrial, ou revolução microeletrônica –, pela derrocada do bloco soviético e pelas crises capitalistas que se sucedem desde o início dos anos 1970.

Cabe insistir, portanto, que a globalização financeira é expressão do ajuste do padrão de acumulação do capital global, que impacta fortemente nos fluxos desse capital e nas formas de financiamento das atividades econômicas, sob a batuta de imensos conglomerados que atuam nos mais diversos países e nos mais distintos ramos da produção, do comércio e das finanças, num arranjo complexo e intrincado. Só para dar um exemplo de como age esse capital financeiro contemporâneo, vejamos algumas frentes de atuação da BlackRock no Brasil hoje. Com base em complexos cálculos realizados por um monumental computador – apelidado Aladim –, a BlackRock é uma monumental "gestora de ativos", ou seja, ela reúne e investe o capital dinheiro de muitas empresas e pessoas em busca de ganhos financeiros, cobrando taxas pela administração desses investimentos. Atualmente a BlackRock, que dispõe de mais de 9 trilhões de dólares (mais de 6 vezes o PIB brasileiro de 2020), possui participação em empresas como ItaúUnibanco, Bradesco, Bradespar, Petrobras, Vale, Embraer, Usiminas, PDG, Cyrela, Gafisa, Rossi, Totvs, GOL, BrMalls, Kroton, Estácio etc. Veja que estamos falando de gigantes do sistema financeiro, do setor extrativista, do setor da construção civil, da informática, da aviação, da educação... Enfim, nos setores mais pujantes, lucrativos e promissores da economia brasileira. Dado o novo vagalhão privatista que assola o país, vemos uma "gestora de ativos" comprando ações dos grandes "concorrentes". Com esse simples exemplo, temos uma ideia de como o processo de concentração e centralização do capital se desenvolve atualmente produzindo esses imensos conglomerados transnacionais atuando nos mais diversos segmentos, em escala propriamente mundial. As dimensões real e financeira da acumulação de capital se encontram fortemente imbricadas, e vemos o capital ampliando seu poder sobre a população trabalhadora ao articular num mesmo conglomerado a apropriação de mais-valia na forma de lucros, juros, dividendos, rendas decorrentes da propriedade da terra, de imóveis, de patentes, de marcas, e assim por diante.

Ora, quando discutimos esse processo de globalização financeira e essa enxurrada de títulos financeiros já não estamos falando simplesmente de capital portador de juros, mas sobretudo de uma categoria que emerge sobre sua base, o capital fictício. Por sua enorme importância na dinâmica da acumulação de capital hoje, o próximo capítulo será dedicado à sua compreensão.

Referências

ARISTÓTELES. *Política*. Lisboa: Vega, 1998.

HITLER, A. *Mein Kampf* (*My Struggle*). Fairborne Publishing, s/d. Disponível em: http://childrenofyhwh.com/multimedia/library/Hitler/mein-kampf.pdf.

MARX, K. *O capital: crítica da economia política*. Livro I, Tomo I. (Coleção Os Economistas). São Paulo: Nova Cultural, 1996a.

MARX, K. *O capital: crítica da economia política*. Livro I, Tomo II. (Coleção Os Economistas). São Paulo: Nova Cultural, 1996b.

MARX, K. *O capital: crítica da economia política*. Livro II. (Coleção Os Economistas). São Paulo: Victor Civita, 1984a.

MARX, K. *O capital: crítica da economia política*. Livro III, tomo IV. (Coleção Os Economistas). São Paulo: Victor Civita, 1984b.

MARX, K. *O capital: crítica da economia política*. Livro III, tomo V. (Coleção Os Economistas) São Paulo: Victor Civita, 1986.

MARX, K. *Elementos Fundamentales para la Crítica de la Economia Política (borrador)*. 2 volumes. Argentina: Siglo Veintiuno, 1973.

MARX, K. *Teorias da Mais-Valia: História Crítica do Pensamento Econômico*. 3 volumes. Rio de Janeiro: Civilização Brasileira, 1980.

NAREDO, José Manuel. *Claves de la globalización financiera*. Documentación Social, n. 125, 2001.

SHAPIRO, J. S. *Social Reform and The Reformation*. Nova York: Columbia University, 1909.

O sistema de crédito moderno

Paulo Nakatani
Henrique Pereira Braga

Introdução

Muito se ouve sobre "crédito consignado", "crédito rural", "crédito habitacional" e outras diversas forma de "crédito". Contudo, pouco se sabe sobre o principal termo dessas sentenças: o crédito. O objetivo deste capítulo é explicar, em linhas bastante gerais e, na medida do possível, didática, o lugar do crédito na reprodução do capital – reprodução esta esmiuçada nos capítulos anteriores desse livro.

A palavra "crédito" origina-se do latim *credtum*, que significa "confiança, crença e empréstimo". Numa sentença, significa dívida. Trata-se, assim, da designação de uma relação de troca entre seres humanos na qual são trocados os resultados da atividade humana, que podem ser os mais variados, desde produtos de primeira necessidade até ornamentos, passando por simples papel. Nessa relação, quem cede o produto espera da parte de quem foi agraciado uma retribuição futura daquilo que foi cedido, de forma que o crédito originou uma dívida.

Em sociedades antigas, como os indígenas pré-colombianos, tais dívidas podiam ter origem em atos de troca entre os membros de uma mesma tribo, sendo que o pagamento dessas dívidas era realizado com base em "esferas de troca": certos produtos equivaliam a outros, mas não serviam para pagar outras dívidas. Por exemplo, receber um colar de miçangas não implicava devolver, no futuro, um mesmo colar, mas envolvia "pagar" o equivalente a ele. Esse equivalente poderia ser, por exemplo, um vaso ou um recipiente, mas não poderia ser um porco ou uma galinha. Nesse exemplo, os objetos de ornamento estão numa esfera de troca distinta daqueles destinados à alimentação do grupo. Há, portanto, normas reconhecidas pelo grupo, passadas de geração em geração, que definiam as relações de troca nas sociedades antigas como baseadas no crédito. Neste sentido, as relações de troca não estão enraizadas na economia das tribos, mas em sua cultura, haja vista que a própria economia não aparece desvinculada da cultura, sendo essa aparente separação uma característica das sociedades modernas.

Para os fins deste capítulo, cabe reter que se trata de trocas baseadas no crédito, cujo fundamento está no estabelecimento de relações de dívida. Contudo, tais dívidas não possuem data de pagamento, nem mesmo uma única medida de pagamento. Passaram a ter certa data e uma medida comum quando, grosso modo, as sociedades são divididas em classes: cisão profunda entre os seres humanos na qual, de um lado, estão os subalternos, os responsáveis pela subsistência da sociedade e, de outro, estão os que subjugam, que usufruirão do tempo livre do trabalho. Foge ao escopo desse capítulo abordar como ocorreram tais cisões. Porém, cabe observar as mudanças na relação de troca quando elas tomam lugar.

Em linhas gerais, as relações de troca baseadas no crédito são transformadas em dívidas monetizadas, haja vista que a extração do excedente dos subalternos ocorrerá por meio da cobrança de tributos, numa unidade de medida comum, a fim de garantir a subsistência e os demais gastos dos subjugadores. A título de exemplo, os Sumérios (3500 a.C.) que habitaram o território do que hoje compreenderia a parte do sul do Iraque e o território do Kuwait formaram sua civilização com base num sistema de tributação sobre os agricultores, a fim de financiar tanto os templos, que também coletavam os impostos, quanto a defesa do território. O tributo devido pelos agricultores era medido em "siclos de prata". O peso de uma unidade de "siclo de prata" era o equivalente à cerca de 22 quilos de cevada, sendo o "siclo de prata" divido em 60 minas. Cada mina corresponde, assim, a 366 gramas de cevada. Essa unidade de medida, por sua vez, não ficou restrita à tributação dos agricultores, mas também denominava aluguéis, empréstimos e demais tributos aplicados a outros estratos da população, que eram pagos *in natura* – cevada ou outros produtos.

Esse exemplo ilustra a passagem das relações de troca fundadas na crença de uma dívida que poderia ser paga num tempo futuro, sem data marcada ou unidade precisa, para relações de troca também baseadas no crédito, porém, cuja dívida tem data para ser paga e é medida em certa unidade. Tal unidade de medida, por sua vez, não foi definida pelo conjunto da sociedade. Ao contrário, foi estabelecida pelos que exercem a posição de mando sobre aqueles que "devem" obediência, definindo o padrão das suas relações com as subdivisões dessas camadas da sociedade.

A formação e a consolidação da sociedade moderna estabelecem que a cisão entre os seres humanos estará condicionada pela produção e apropriação crescente de tempo de trabalho excedente, seja qual for a forma em que esse tempo esteja materializado: maçãs, roupas, armas, moedas etc. Sem entrar em detalhes, a separação dos trabalhadores ingleses dos seus meios de subsistência e de produção, conjugada com a formação do mercado mundial, a expansão da indústria para diversos campos da produção e o aprofundamento da escravidão instituíram um modo produção da vida social de natureza e caráter mundial, centrado na crescente produção de mercadorias – isto é, coisas para a troca –, sempre com maior produtividade. Isso implicou uma transformação da forma social da riqueza material, cuja qualidade é estar em contínua expansão, portanto, ser capital.

Tal mudança social conduziu, por um lado, à instauração da jornada de trabalho contínua, intensa e extensa como centro da vida social. Por outro, produziu a transformação paulatina do restante dos seres humanos em trabalhadores disponíveis para tais jornadas, cujo desdobramento – não sem lutas, cabe lembrar – foi a disputa pelo controle destas. Em poucas palavras, trata-se da instauração da sociedade cujo cerne do modo de produção da vida social é a reprodução da riqueza social capitalista – valor consubstanciado em valores de uso.

Tamanha transformação social não deixou de fora as relações de troca. Numa sociedade em que o trabalho é reduzido à substância da medida comum da riqueza social, já ocorreu, conforme notado, a mercantilização de partes centrais da vida social, abrindo-se as portas para que tudo possa ser objeto de troca. Entretanto, tais objetos não são diretamente trocados entre si, tampouco comerciados com base em dívida sem prazo. A própria centralidade do trabalho materializado em mercadorias implica a ascensão de uma mercadoria à posição de equivalente universal das mais variadas atividades humanas. O padrão de medida dessa mercadoria servirá, por sua vez, de base para a formulação de unidades monetárias (a libra é uma unidade de peso antes de uma medida monetária inglesa), constituindo uma forma de representação universal da riqueza social capitalista, o dinheiro.

A conformação de relações sociais dessa natureza engendrou a conversão das diversas dívidas atribuídas aos subalternos por meio dos seus senhores (os tributos) nesse representante universal da riqueza social – até porque as dívidas desses senhores também passaram a ser denominadas em dinheiro. Muitas delas, relativas às expansões marítimas e às guerras entre os Estados nacionais europeus, tornaram aqueles que negociavam com a dívida monetizada (os banqueiros) sócios dos soberanos desses Estados. Para a finalidade do presente capítulo, o processo histórico que institui o dinheiro moderno, que ocorreu, grosso modo, entre os séculos XV-XVIII, marca também a transformação das relações de dívida monetizadas em dívidas em dinheiro, qual seja, dívidas denominadas no representante universal da riqueza social capitalista. E, assim, fazem parte do processo de reprodução dessa riqueza.

Trataremos adiante da maneira pela qual o crédito moderno constitui um sistema, permitindo a reprodução do capital na sua etapa monopolista. Para tanto, serão utilizados dois exemplos, um localizado no último quarto do século XIX e outro nesse começo de século XXI, a fim de mostrar, como diz o outro, que a diferença está nos detalhes.

A moderna operação de crédito

Quando um banco emprestava certa quantia para uma pessoa, por exemplo, um imperador de um Estado independente da segunda metade do século XIX (poderia ser o Brasil), o banco registrava que receberia no futuro o pagamento por essa dívida (a quantia emprestada mais os juros) em troca de disponibilizar hoje certo montante para o soberano, digamos mil libras esterlinas. Suponhamos que o empréstimo tenha sido solicitado para a compra de armas (já produzidas) para uma guerra em curso, sendo essas armas adquiridas na mesma moeda do empréstimo e de um vendedor com conta corrente no mesmo banco que emprestou para o imperador.

A compra de armas realizada pelo imperador em nosso exemplo significou, assim, uma transferência de recursos entre contas do mesmo banco: da conta do monarca para a conta do vendedor de armas. Este, por sua vez, pagou os salários dos seus empregados e os débitos contraídos com seus fornecedores de ferramentas, máquinas, matérias-primas etc. necessários à produção de armas. De posse dos salários, os trabalhadores compraram seus meios de subsistência e os consumiram, ficando prontos para uma próxima jornada de trabalho. Os vendedores desses meios de subsistência, por meio da venda destes últimos, pagaram os impostos relativos a essas mercadorias, os débitos de sua aquisição e demais custos do negócio e apropriaram-se de parte da mais-valia gerada na produção das mercadorias (lucro). Deste lucro, retiraram uma parte para seu consumo e outra aplicaram no banco... Essa série de pagamentos e recebimentos culmina, num estado normal de funcionamento da produção e circulação do capital, com o retorno do dinheiro ao banco, seja em depósitos nas contas dos proprietários privados ou do próprio Estado – caso esse banco seja responsável também por recolher os impostos cobrados por esse último –, de forma que o dinheiro inicialmente emitido é cancelado, restando ao banco receber o montante emprestado (acrescido dos juros).

Nota-se, nesse exemplo, que as libras esterlinas que circularam realizando pagamentos e recebimentos tiveram origem numa dívida que, ao movimentar diversas transações, proporcionou a transferência desse recurso para outras pessoas – que não o imperador endividado –, enquanto o banco ficou com a dívida a receber. Esse débito, por sua vez, pode ser negociado pelo banco.

No momento histórico em que se passa nosso exemplo, o banqueiro poderia negociar a dívida do imperador com outros banqueiros e, assim, obteria recursos para, por exemplo, honrar os saques feitos pelo produtor das armas para realizar seus pagamentos. Afinal, enquanto o dinheiro relativo ao empréstimo não retorna ao banco – seja pelo pagamento da dívida, seja pelos depósitos daqueles que receberam os pagamentos –, é necessário dispor de libras esterlinas para honrar os saques, ou mesmo as transferências para outros bancos.

Enquanto a dívida do imperador é negociada entre os banqueiros, chega-se a notícia do sucesso do império no conflito. Com seu fim iminente, esperava-se que a produção e exportação daquele país, grande produtor de mercadoria agrícola apreciada no mercado internacional, retomasse sua produção e exportação. Aliás, o imperador e seus ministros não mediriam esforços para tal sucesso, pois com os impostos das exportações honrariam pelo menos os juros do empréstimo para a compra de armas – cujo valor elevado, porque contraído no calor da batalha, deveria ser rolado o quanto fosse possível. Nesse sentido, o imperador se adiantou, abrindo seu território para as companhias ferroviárias inglesas que, ansiosas pelos lucros desse empreendimento, lançaram ações a fim de financiar suas operações além-mar. Boas novas para o banco que apostara na dívida do monarca.

Nessa narrativa, uma série de transações ocorrem sem que haja a presença do dinheiro, mas sim de depósitos bancários, de transferências entre contas do mesmo banco e, quando necessário, de saques de moeda. Ou seja, quando o banco empresta para alguém, ele não recorre a certo montante de dinheiro presente em seus cofres. Em vez disso, ele "credita" na conta do tomador de empréstimo o valor requerido e, enquanto a dívida não é paga, pode emitir "promessas de pagamento" para honrar suas operações diárias. Essas "promessas de pagamento" nada mais são do que notas bancárias – bilhetes de papel, emitidos pelo próprio banco – nas quais estava dito que o banco emissor assegurava o pagamento de certo montante de libras esterlinas quando tal nota fosse apresentada em seus caixas. Era desse modo que operavam muitos bancos ingleses no século XIX.

A operação de venda dessa dívida seria necessária caso as pessoas que recebessem tais notas exigissem libras esterlinas nos caixas do banco, em grande volume. De outra maneira, a transação com a dívida é dispensável ou pode ser feita para o banco se desfazer de algo que se revelou indesejável. De todo o modo, a criação de crédito é realizada pelo banco sem que haja o correspondente em libras esterlinas em seu caixa.

É nesse aspecto que toda a narrativa pode ser questionada. Alguém pode dizer que, ao conceder o empréstimo, o banco deveria disponibilizar libras esterlinas, em última instância, para aqueles que desejam trocar os bilhetes desse banco pelas libras. E, nesse caso, nada adianta recorrer à operação de negociação da dívida, já que a questão se resume à afirmação de que seria necessário um depósito prévio de libras esterlinas no banco para que os empréstimos fossem realizados.

Cabe observar a justeza dessa questão quanto ao fato de que, para honrar os saques relativos ao pagamento dos assalariados e mesmo dos débitos junto aos fornecedores com contas em outros bancos, o banco deveria ter em posse libras esterlinas – deixando de lado que podem ser pagos com seus bilhetes ou que haja uma câmara de compensação entre os pagamentos e recebimentos diários dos bancos. Todavia, tal montante tem origem nas suas operações com as demais contas dos diversos capitalistas para os quais exerce a função de gestor do seu "capital monetário"; bem como dos diversos pagamentos e recebimentos que opera dos demais bancos. Assim, o saldo diário desse conjunto de operações pode ser positivo ou negativo, implicando entrada ou saída de libras esterlinas dos cofres do banco.

Por essa razão, os bancos procuram centralizar diversas contas correntes, seja dos capitalistas, seja dos órgãos dos Estados – município e empresas públicas, por exemplo – a fim de que possam realizar as operações de crédito tendo como cobertura as contas que maneja. Nesse particular, cabe reforçar, não porque há um estoque de dinheiro depositado nos bancos a partir do qual realizam os empréstimos, e, sim, pelo fluxo contínuo de pagamentos e recebimentos que permite honrar as demandas de saque em libras esterlinas – sem considerar a emissão de bilhetes próprios.

Nesse período histórico, pano de fundo da nossa narrativa, eram comuns as quebras dos bancos por conta das chamadas "corridas aos bancos": um conjunto significativo das pessoas que tinham contas no banco ou bilhetes desse banco procuravam, por diversos motivos, sacar seus recursos ao mesmo tempo. Quando havia uma corrida a um banco, suas reservas de dinheiro baixavam de forma alarmante, levando o banco a "quebrar" – isto é, ficar sem recursos para honrar as demandas de saques. Tal situação poderia levar os correntistas de outros bancos a fazer o mesmo, o que contaminaria o conjunto dos bancos de determinada região e inviabilizaria o sistema de pagamentos entre empresas, que reduziriam suas operações, demitiriam parte dos seus funcionários (quando não fechariam as portas por completo), provocando uma crise.

As causas principais da quebra dos bancos de certo território em razão da "corrida aos bancos" era, grosso modo, seu caráter pouco concentrado e suas operações isoladas. Como consequência dessas sucessivas quebras, em meio à crescente concentração e centralização dos capitais no último quarto do século XIX, formando grandes conglomerados empresariais, seja no setor industrial, seja no bancário, a centralização e hierarquização do sistema bancário estava posta como condição para a continuidade da acumulação de capital – o que foi "resolvido", por assim dizer, com a centralização das operações de compensação das transações entre os bancos de determinado território em um único banco, o Banco Central. O primeiro com essas características foi o Banco Central dos Estados Unidos (em inglês, *Federal Reserve* ou FED), instituição privada criada em 1913 para operar as compensações entre os bancos e estabelecer regras para os empréstimos e os recursos mínimos que cada um deveria preservar em caixa.[1]

O FED tornou-se o responsável tanto por prover os bancos deficitários em determinado dia do mês com os recursos capazes de cobrir suas operações naquele dia quanto por penalizar os bancos que sistematicamente solicitarem socorro. E, nesse caso, passou a emitir moeda de curso forçado – ou seja, um bilhete próprio, inegável para honrar os mais variados contratos – que não necessariamente era dinheiro, porque limitado aos seus territórios (tais como o dólar americano, o marco alemão, o iene ou o franco, por exemplo), mas que poderia ser dinheiro, desde que representasse a riqueza universal capitalista – lugar ocupado pela libra esterlina até a Primeira Guerra Mundial (1914-1918).

Se, voltando a nossa narrativa, o caráter isolado, descentralizado e anárquico do sistema bancário figurava como uma fonte de instabilidade para a acumulação de capital, a criação dos Bancos Centrais, associada às demais transformações de grande

---

[1] No Brasil, o Banco Central data de 1964, sendo uma instituição pública.

envergadura no capitalismo mundial, colocou outras fontes de instabilidade do sistema de pagamentos.

Em síntese, o avanço do domínio do capital ao redor do mundo, no período que vai do fim da Segunda Guerra Mundial até o segundo "choque do petróleo" e o primeiro "choque dos juros", ambos em 1979, estabeleceu o consumo de massa nos países ditos centrais e o horizonte da industrialização e da autonomia nacional em suas periferias. Enquanto os anos de 1980 e 1990 assistem à ascensão da Ásia – em especial do seu leste – e a derrocada latino-americana, ao mesmo tempo que o consumo de massas nos países centrais assume outro contorno, não mais fundado em ganhos salariais e acesso ao crédito, mas sim em perdas salariais que procuram ser compensadas com crédito. Para isso, entram em cena, como atores principais, a bolsa de valores e os investidores institucionais (fundos de pensão, fundos de investimento, seguradoras etc.), uma vez que o montante movimentado nesses espaços serve de meio para novos empréstimos – até que haja uma crise.

Tomando como pano de fundo esse cenário, imaginemos um empréstimo tomado por um estudante universitário estadunidense da ordem de US$100 mil, para bancar os seus quatro anos de ensino superior, que serão pagos em até 20 anos com uma taxa de juros de, digamos, 3% ao ano. Os pagamentos iniciam logo após sua saída da universidade, que pode ocorrer (ou não) em quatro anos. Enquanto isso, os juros do financiamento correm. Assim, supondo que o estudante termine sua graduação em quatro anos, haverá uma prestação de cerca de US$847 a serem pagos todos os meses pelo estudante, totalizando US$10.164 por ano. Caso ele tenha se formado entre as dez profissões mais bem pagas dos EUA e tenha um emprego, sua renda anual será algo em torno de US$50 mil, de modo que um quinto da sua renda de recém--formado será destinada para o pagamento dessa dívida anual. Se pensamos na formação da família, na compra da casa própria, do automóvel... ou seja, da série de bens de consumo representativos do estilo de vida estadunidense e necessários para a colocação do profissional no mercado de trabalho, tem-se a dimensão do peso da dívida estudantil nesse orçamento.

Do ponto de vista do banco que efetuou os empréstimos, a operação se passa da seguinte forma: ele contabiliza uma dívida a receber e deposita o empréstimo na conta da instituição de ensino superior que efetuará os mais diversos pagamentos relativos à sua atividade, que podem envolver correntistas do próprio banco ou não. No primeiro caso, há apenas troca de titularidade do depósito criado pelo banco, enquanto no segundo o banco deve transferir recursos para outro banco (ou uma pessoa que realiza saques). Nesse caso, as operações diárias de recebimentos e de pagamentos entre os próprios bancos, conforme já salientado, resulta em alguns deles com recursos disponíveis ao final do dia e outros com necessidade de recursos. Sob a tutela do Banco Central, um empresta para o outro, exigindo certa taxa de juros diária. No caso em questão, o banco que realiza empréstimos estudantis e outras operações de longo prazo (imobiliária, por exemplo) normalmente tomam emprestado dos que operam com crédito de prazo mais curto.

Entretanto, o banco não espera o pagamento das prestações para lucrar com a operação de dívida. Ele procura negociá-la na bolsa de valores, por exemplo. Para tanto, ele combina esse título de dívida com outros – que podem ser relativos a uma casa financiada por uma família de classe média, um título de dívida de um país do terceiro mundo ou uma casa financiada por alguém sem trabalho, sem renda e sem patrimônio –, formando um novo título que promete certo rendimento anual. Oferecido na bolsa de valores, ele pode ser comprado por grandes instituições financeiras, por empresas com caixa ocioso ou mesmo por fundos de pensão (embora haja regras que limitem a compra desse tipo de título, mas, como toda a regra, sujeita a mudanças).

Em todo caso, o comprador desse título pode ter o interesse somente na sua valorização diária, vendendo-o no dia seguinte em busca de algo que prevê oferecer um maior rendimento. Quem comprou, por sua vez, espera que o valor desse título cresça. Por quê? Pode ser pelo simples fato de os mais variados títulos negociados na bolsa de valores também estarem em alta devida a uma nova guerra, um novo produto, um crescimento contínuo de economias centrais. Em qualquer caso, a alta dos preços dos papéis se mantém enquanto os possuidores desses títulos não cessem de receber os rendimentos prometidos ou enquanto a instituição responsável por honrar seus pagamentos mostre boa saúde financeira.

Ainda assim, essa não é a única operação feita pelo banco. Ele também pode apostar na magnitude da variação do seu produto financeiro. Dito de outro modo, enquanto há compradores e vendedores que apostam na alta ou na baixa do preço pago pelo produto financeiro em si (o "novo título", anteriormente mencionado), o banco e outros capitalistas podem apostar no patamar dessa variação, de forma que seus ganhos (ou perdas) são derivados da variação do produto financeiro – os derivativos. O que deve ser retido desse exemplo, portanto, é que da educação formal superior, necessária à vida moderna, ergue-se um conjunto de relações financeiras que alimentam ganhos dos mais diversos capitalistas, registrados em seus balanços contábeis, permitindo que realizem gastos nos mais variados setores.

Voltando ao nosso recém-formado, podemos dizer que, passados cinco anos, ele decida comprar uma casa, haja vista que suas prestações estudantis alcançaram, digamos, um oitavo da sua renda. Sendo assim, ele recorre ao banco para financiar a aquisição da sua casa, fazendo com que sua habitação entre no mesmo sistema descrito. Ou, para ficar com outro exemplo, ele pode ter herdado uma casa dos avós, mas, para financiar um tratamento de saúde, necessita hipotecar a casa – o banco empresta para ele tendo como garantia o imóvel. Novamente, mais uma dimensão da vida está incorporada à ciranda financeira – a saber, esse circuito entre os detentores de papéis. Passados os 20 anos da prestação estudantil, é a vez dele ajudar seus filhos a financiarem suas respectivas graduações e, assim, os acontecimentos próprios à vida humana são paulatinamente inseridos num mercado global de apostas, por meio de sua transformação em títulos negociáveis neste mercado, haja vista que nossa existência, no capitalismo, passa pela sistemática luta pela sobrevivência, a despeito do imenso acúmulo material que permitiria passarmos do "reino da necessidade para o reino da liberdade", como disse, em algum lugar, certo pensador alemão.

Considerações finais

No presente capítulo, mostrou-se que a relação de dívida é muito antiga, antediluviana, de forma que o crédito figura nas relações de troca bem antes do advento do capitalismo. Entretanto, sua necessidade e natureza monetária são específicas às sociedades nas quais predominam certo modo de reprodução da vida social: aquele enfeixado pelo capital. O próprio desenvolvimento das relações sociais sobre essa condição, por sua vez, transforma a dívida monetária em dívida em dinheiro, de modo que o avanço da relação social capital expande o crédito para várias dimensões da vida.

Se na virada do século XIX para o XX o crédito compreendia parte específica da sociedade, como as empresas e os Estados nacionais, sendo as dívidas dos trabalhadores de pequena importância para a reprodução do capital, a situação é outra nesse começo de século XXI. Não apenas as empresas e os Estados nacionais fazem essas dívidas como também dependem da incorporação das mais diversas esferas da vida privada à lógica do endividamento, de modo que os gastos cotidianos dos trabalhadores são transformados em operações de crédito, cujo volume compõe a sustentação da turbulenta reprodução do capital no seu atual estágio.

A partir dessas considerações, pensar o problema da emancipação humana passa também pela compreensão das formas de dominação social que estabelecem as relações de dívida monetizadas entre os seres humanos, relações essas que, num momento posterior, são incorporadas à dinâmica da relação social moldada pelo capital, aclimatando-se a um específico padrão de dominação social. Encaminhar essa reflexão permitirá compreender que não basta eliminar um ou outro aspecto da sociedade do capital para que a emancipação humana seja alcançada, pois, faz-se necessário também que não se regrida a outras formas de dominação social.

Anexo

Figura 1 – Composição e Seguimentos do Sistema Financeiro Nacional

Fonte: Banco Central do Brasil – bcb.gov.br

Sugestões de Leitura

Para os leitores interessados em aprofundar seus estudos sobre o sistema de crédito moderno, elencamos algumas sugestões de leitura, em língua portuguesa, que também foram referências para a elaboração deste capítulo:

CHESNAIS, François. A proeminência da finança no seio do capital em geral, o capital fictício e o movimento contemporâneo de mundialização do capital. *In:* BRUNHOFF, Suzanne de *et al*. *A finança capitalista*. São Paulo: Alameda, 2010. p. 95-182.

CORAZZA, Gentil. Os Bancos Centrais e sua ambivalência público-privada. *Nova Economia*, v. 11, n. 1, 2009. Disponível em: https://revistas.face.ufmg.br/index.php/novaeconomia/article/view/385. Acesso em 24 ago. 2021.

GRABER, David. *Dívida: 5.000 anos*. São Paulo: Três Estrelas, 2016.

LAZZARATO, Maurizio. *O governo do homem endividado*. São Paulo: n-1, 2017.

MARX, Karl. *Contribuição à crítica da Economia Política*. São Paulo: Expressão Popular, 2008.

MARX, Karl. *O capital: crítica da economia política* – Livro III. São Paulo: Boitempo, 2017.

SASSEN, Saskia. *Expulsões: brutalidade e complexidade na economia global*. Rio de Janeiro: Paz e Terra, 2016.

As formas concretas e derivadas do capital portador de juros

Paulo Nakatani

Introdução

O capital portador de juros é uma das formas que o capital dinheiro assume. Este é uma forma autonomizada do capital industrial, como vimos nos capítulos anteriores. O capital, sob a forma de capital portador de juros, é acumulado no sistema de crédito – em particular, no sistema bancário – por meio dos depósitos das famílias, empresas e governos, das aplicações em depósitos de poupança, depósitos a prazo, em fundos de investimentos, em títulos de dívida privada, como letras financeiras, letras de crédito do agronegócio ou letras de crédito imobiliárias, e em títulos da dívida pública. Em 30 de junho de 2021, esse capital atingiu o montante de R$8,89 trilhões, segundo os dados do Banco Central do Brasil (BCB, 2021). Em contrapartida, o sistema bancário tinha acumulado, na mesma data, um total de R$4,21 trilhões em créditos ou empréstimos concedidos, principalmente para famílias e empresas. Estes são baseados nos créditos que os bancos detêm. Deste total, R$1,74 trilhão, ou 41% dos créditos, foram direcionados. Estes são empréstimos do BNDES para financiamento principalmente de longo prazo para as empresas, para financiamentos imobiliários e para o crédito rural, com taxa média de juros de 6,9% ao ano, subsidiadas pelo governo, frente aos 28,3% sobre os créditos livres, que atingiram um montante de R$2,47 trilhões.

É muito importante compreender que todo esse montante não é de dinheiro; o dinheiro é apenas a parcela classificada como depósitos à vista das famílias, empresas e governos, mas que, do ponto de vista dos bancos, constituem capital monetário convertido em capital de empréstimo, capital portador de juros. Todo o resto são representações simbólicas de riqueza acumulada na forma de depósitos e títulos que rendem ou produzem juros.

Além do sistema bancário, que inclui as cooperativas de crédito, participam do sistema de crédito ou do sistema financeiro nacional brasileiro as financeiras, as seguradoras, as bolsas de valores, de mercadorias e futuros, as corretoras e, atualmente, as *fintechs*. Estas são empresas que utilizam os recursos tecnológicos de informação para atuar como intermediárias dos processos financeiros, podendo oferecer recursos como cartão de crédito, conta digital, cartão de débito, empréstimos, seguros, entre vários outros. Também fazem parte do sistema financeiro nacional as instituições ou entidades reguladoras e fiscalizadoras como o Conselho Monetário Nacional, a Comissão de Valores Mobiliários e entidades abertas ou fechadas de previdência. Assim, nem todas instituições têm relações diretas com o processo de canalização e captação dos depósitos e da centralização e acumulação do capital portador de juros, que se entrelaça, sob diferentes formas e por meio dos capitais particulares, no sistema de crédito e em suas diversas instituições.

Trataremos aqui, em primeiro lugar, da forma concreta do capital portador de juros, já estudado no capítulo anterior deste livro, e como ele se acumula em suas formas mais gerais; em segundo, das formas fictícias assumidas por essa forma de capital e seus entrelaçamentos com as formas autonomizadas do capital; enfim, procuraremos mostrar o movimento dinâmico dessas formas e seu papel e significado na reprodução do capital.

O capital em geral e o capital portador de juros

Como vimos, o capital em geral existe como uma totalidade no movimento cíclico e praticamente interminável, como segue:

D–M{Mp Ft …P…M'–D' … D–M{Mp Ft …P…M'–D' …

Como foi discutido no terceiro capítulo deste livro, esse movimento ocorre por meio do que Marx chamou de metamorfoses do capital, nas formas dinheiro (D), mercadoria (M) e produtiva (P), que ele representou de modo simplificado por meio do conhecido ciclo D–M …P… M'–D'.

As formas produtiva, dinheiro e mercadoria vão se autonomizando e se constituem concretamente em unidades particulares e independentes do capital. Assim, surgem grandes empresas atacadistas e varejistas que concentram parcela importante do capital comercial ou os bancos que, igualmente, concentram a maior parte do capital dinheiro. Além disso, as unidades particulares ou individuais de capital, as empresas, constituem a forma de existência concreta do capital em geral e reproduzem e acumulam capital sob as três formas. De qualquer maneira, o que temos é o movimento do capital que atravessa o conjunto das unidades particulares de capital, ou das empresas, e em todas e cada uma delas ocorrem continuamente os processos de metamorfoses.

No primeiro momento do ciclo do capital industrial, um capitalista que dispõe de dinheiro (D) usa para comprar mercadorias (M) que são constituídas por meios de produção (Mp) e força de trabalho (Ft), ou seja, o montante de valor representado por D se converte ou se metamorfoseia em Mp e Ft. Nesse momento não ocorre nenhuma mudança de valor, apenas sua forma é modificada. No segundo, o capitalista reúne os Mp e a Ft e organiza um processo de produção (P), no qual a força de trabalho usa ou consome os meios de produção, constituído por construções, máquinas, ferramentas, instrumentos de trabalho e insumos. Neste consumo, chamado de produtivo, os trabalhadores transformam os Mp em uma nova mercadoria (M'), transferindo parcial ou integralmente os valores dos Mp para a mercadoria e acrescentando um valor novo, a mais-valia. Essa nova mercadoria (M'), prenhe de mais-valia, deve novamente mudar de forma, voltar para a forma dinheiro (D'), mas acrescida de valor novo. Para efeitos de simplificação, podemos considerar que o total dos meios de produção são inteiramente consumidos em um único ciclo. Entretanto, poderíamos considerar que uma parte desses meios de produção, como as construções, máquinas, equipamentos e ferramentas podem ser utilizados em vários ciclos do mesmo capital.

Com o desenvolvimento do capital portador de juros, o dinheiro adquire um novo valor de uso, de servir ou de funcionar como capital. Assim, o ciclo do capital passa a ser representado da seguinte maneira: D–D–M ...P... M'–D'–D', em que o capitalista "funcionante", como diz Marx, ou seja, aquele que efetivamente produz, não é mais o proprietário do capital inicial D e o toma emprestado antes de começar o ciclo. Ao final, o capitalista funcionante deve devolver o capital que tomou emprestado mais um valor adicional, os juros. Marx detalha todo esse processo no capítulo XXI, do livro III d'*O capital*. Em suas palavras, "o movimento característico do capital em geral, o retorno do dinheiro ao capitalista, o retorno do capital a seu ponto de partida, recebe no capital portador de juros uma figura totalmente externa, separada do movimento real de que é forma." (Marx, 1985-1986a, p. 262). Enfim, todo o ciclo do capital aparece como o movimento D–D' e parece que todo o processo de produção da mais-valia desaparece.

Em termos mais concretos, podemos imaginar que um capitalista individual, representante de uma unidade particular de capital ou empresa, toma um empréstimo (D) e usa o dinheiro (D) para a compra de meios de produção (Mp) e força de trabalho (Ft), que coloca em ação para a produção de nova mercadoria, para a produção de riqueza nova e de um excedente, no processo ou forma produtiva (P). Ao final do processo (que deve ocorrer continuamente), a cada momento de transformação, a forma produtiva (P) é convertida em uma nova mercadoria (M'), um valor de uso diferente, mas acrescido de um valor novo, a mais-

-valia, que deve ser confirmada pela conversão, ou metamorfose, de M' para D'. Mas ainda deve finalizar o ciclo devolvendo ao emprestador a soma inicial D mais um excedente, ou uma parte da mais-valia, como juros.

A totalidade das empresas ou capitais particulares constitui a forma de existência do capital industrial e cada uma delas deve se manter em movimento contínuo por meio das metamorfoses da forma dinheiro para a forma mercadoria, para a forma produtiva, para a forma de uma nova mercadoria e retornar à forma dinheiro. Esses capitais particulares funcionam entrelaçando seus ciclos particulares, comprando e vendendo mercadorias entre si até chegar ao produto final que será retirado para o consumo final. Deste ponto de vista, os capitais particulares devem funcionar mais ou menos solidariamente, pois cada unidade depende de várias outras, de dezenas e centenas, para fornecer meios de produção como máquinas, ferramentas, matérias-primas e materiais secundários. Ao mesmo tempo, cada unidade depende de outras para realizar sua venda final. Esse funcionamento solidário não exclui a concorrência entre os capitais, que não cabe detalhar aqui.

Deve-se notar que a cada momento do ciclo, em cada momento do entrelaçamento das unidades de capital e da realização final do valor da mercadoria, o movimento do capital deve passar pela forma dinheiro. Todos esses movimentos constituem a circulação do capital em geral e ocorre continuamente, finalizando com a venda final de mercadorias, seja entre os capitais, seja aos consumidores finais, e cada unidade de capital termina sua jornada diária com uma massa de dinheiro.

Com o desenvolvimento do capitalismo e o avanço do sistema bancário e de crédito, quase todas as operações devem se realizar, continuamente, entre as unidades de capital e os bancos. Ou seja, toda a riqueza na forma dinheiro transita diariamente e, ao mesmo tempo, se acumula nos bancos. Estes assumem a tarefa de mediar praticamente todas as transações econômicas, além de serem responsáveis, junto ao Banco Central, de regular o volume cotidiano necessário de meios de circulação por meio da criação e cancelamento contínuo do dinheiro e do crédito. Além disso, os bancos realizam, diariamente, a conversão de todo meio de circulação excedente, além das necessidades dos fluxos de entrada e saída de dinheiro em suas contas, em capital monetário portador de juros sob a forma dos títulos da dívida pública. Esta operação é realizada nas Operações de Mercado Aberto do Banco Central, em particular em uma denominada de *overnight*, em que os meios de circulação excedente são aplicados e rendem juros apenas por uma noite. Afinal, "tão logo esteja emprestado ou também investido no processo de reprodução [...], acresce-lhe o juro, esteja dormindo ou acordado, em casa ou em viagem, de dia ou de noite." (Marx, 1985-1986a, p. 295).

O capital portador de juros e suas formas fictícias

O desenvolvimento do sistema de crédito ao longo dos séculos ocorreu de forma mais acelerada e diversificada, principalmente a partir da segunda metade do século XX. Com o avanço das tecnologias de comunicação e informação, a informatização do sistema e a ampla difusão das redes, interligando poderosos sistemas de processamento de dados, possibilitaram a imensa acumulação de capital em sua forma portadora de juros e a sua conversão em formas fictícias. Estas formas são o capital bancário, a dívida pública, o valor acionário, os derivativos e as moedas. Estas duas últimas formas não foram apresentadas n'*O capital*, mas as próprias condições do desenvolvimento capitalista permitiram o surgimento de formas novas, como as criptomoedas, que não trataremos neste texto.

Para se ter uma ideia, os indicadores globais mostram que o volume médio diário de negócios no mercado mundial de moedas foi de US$6,59 trilhões, em abril de 2019, segundo o balanço trienal realizado pelo Banco de Compensações Internacionais (BIS, 2019, na sigla em inglês). Esse mercado é conhecido no Brasil como *Forex* (sigla de *Foreign Exchange*). O BIS também estimou o montante total do estoque de ativos bancários, que era de US$99,72 trilhões no final do primeiro trimestre de 2021, e o total da dívida em moedas nacionais e estrangeiras dos governos centrais, que era de US$58,33 trilhões. O total de derivativos de balcão (OTC, na sigla em inglês), negociados fora das bolsas de valores, era de US$581,06 trilhões, no final de 2020 (BIS, 2021). Quanto ao mercado acionário, o Banco Mundial (*World Bank*, 2021) indicava, para o ano de 2019, que 43.248 empresas tinham suas ações negociadas nas bolsas com um valor total estimado de US$83,26 trilhões, mas sem os dados de alguns países desenvolvidos importantes, como o Reino Unido e a França. Para termos uma referência, o PIB mundial, estimado para 2019, era de US$87,61 trilhões, a preços correntes, ou seja, a preços vigentes naquela época.

Vejamos a seguir, com mais detalhe, cada uma das principais formas de capital fictício.

Capital bancário

O capital bancário pode ser o capital do próprio banqueiro e de seus sócios, que costuma ser registrado como capital social e é representado nominalmente em títulos chamados de ações. Além do capital próprio, os bancos costumam receber depósitos e aplicações financeiras e fazem empréstimos, como já explicamos. Em junho de 2021, o total do capital monetário no sistema bancário brasileiro era de R$8,89 trilhões (BCB, 2021).

Como podemos ver, os ativos, ou capital bancário, são constituídos quase que totalmente em títulos privados e públicos, além dos depósitos à vista que são apenas dinheiro escritural, ou registros contábeis nas contas bancárias. Todo este dinheiro, como já explicamos, é constituído por dinheiro de crédito, ou seja, dívida. Assim, todo capital bancário, com exceção dos edifícios, máquinas e equipamentos, principalmente de tecnologia de informação, é constituído por um capital cuja existência é fictícia.

> Todos esses papéis representam de fato apenas direitos acumulados, títulos jurídicos sobre produção futura, cujo valor monetário ou valor-capital ou não representa capital algum. [...] Com o desenvolvimento do capital portador de juros e do sistema de crédito, todo capital parece duplicar e às vezes triplicar pelo modo diverso em que o mesmo capital ou simplesmente o mesmo título de dívida aparece, em diferentes mãos, sob diversas formas. A maior parte desse 'capital monetário' é puramente fictícia. (Marx, 1985-1986b, p. 13-14).

A dívida pública

A dívida pública é constituída por títulos de dívida emitidos pelo Tesouro Nacional (no caso do Brasil). No passado, os Estados, ou os governos, costumavam tomar empréstimos para realizar gastos, fossem correntes, fossem para investimentos, fossem para financiar suas aventuras guerreiras. Como garantia desses empréstimos, emitiam títulos de dívida com prazo de vencimento de vários anos, chegando a 30 anos e até mais, com pagamentos de juros. Os empréstimos utilizados para a realização de investimentos como pontes, estradas, ferrovias, rodovias ou empresas industriais e de prestação de serviços constituem acumulação de capital real, que vem sendo privatizado há algum tempo por todos os países capitalistas. Aquela parte para gastos correntes e guerras era toda utilizada, consumida. Assim, a riqueza representada pelos empréstimos tomados pelo Estado desaparecia, mas restavam os títulos.

> [...] em todos esses casos, o capital, do qual o pagamento feito pelo Estado considera-se um fruto (juro), permanece capital ilusório, fictício. A soma que foi emprestada ao Estado já não existe ao todo. Ela em geral jamais se destinou a ser despendida, investida como capital, e apenas por seu investimento como capital ela teria podido converter-se num valor que se conserva. [...] Por mais que essas transações se multipliquem, o capital da dívida pública permanece puramente fictício, e a partir do momento em que os títulos de dívida se tornam invendáveis, desaparece a aparência desse capital. (Marx, 1985-1986b, p. 10)

Vejamos como isso ocorre no Brasil contemporâneo. No final de junho de 2021, o BCB registrava uma dívida líquida de R$4,88 trilhões para todo o setor público brasileiro. Desse total, R$4,64 trilhões era constituída de títulos públicos, chamados de dívida mobiliária, em poder do mercado. Além disso, o BCB mantinha em carteira um montante de R$1,04 trilhão em títulos para garantir as operações compromissadas no mercado aberto. Esse mercado é administrado pelo BCB e constituído por bancos, financeiras, seguradoras, fundos de investimento, pessoas físicas e instituições e pessoas físicas estrangeiras, que compram e negociam diariamente entre si ou com o Banco Central uma parte dos títulos.

Por exemplo, os bancos recolhem diariamente todo o dinheiro correspondente às vendas finais das empresas que realizam suas vendas aos consumidores, além de realizarem cobranças de dívidas, de impostos e fazerem pagamentos de todos os tipos. No final do dia, após realizarem as compensações entre eles, sobra uma quantidade de riqueza representada na forma dinheiro. Todo o excedente que o banco não tiver necessidade imediata será canalizado para a compra de títulos públicos ou privados no mercado aberto, que é administrado pelo BCB. Uma das principais operações desse mercado é chamada de operações compromissadas em negócios de *overnight*. Em junho de 2021, a média diária de operações compromissadas em operações de *overnight* chegou a R$1,53 trilhão, baseada nos títulos da dívida pública federal. Ou seja, em vez de deixarem o dinheiro parado, como se viu, essas instituições "emprestam" o dinheiro ao governo, literalmente da noite para o dia, e recebem juros por isso, sem ter nenhum trabalho e nem correr qualquer risco. Trata-se de uma forma de transferência de riquezas do Estado para essas empresas, cujos custos recaem, no limite, nas costas da população trabalhadora, que é quem proporcionalmente mais paga impostos.

A dívida pública no Brasil, e em grande parte dos países capitalistas, passou a receber novas determinações desde a implantação das políticas e programas chamados de neoliberais. Com a brutal crise de 1998, chamada de financeira, o governo brasileiro assumiu um compromisso com o Fundo Monetário Internacional de obter, anualmente, um superávit primário por meio de políticas de austeridade. Ou seja, que gastaria menos do que as receitas obtidas com impostos, contribuições, taxas e outras receitas, para garantir os pagamentos de juros da dívida.

Podemos considerar que esse movimento de receitas e despesas do governo se insere no movimento cíclico do capital, no qual uma parcela da riqueza produzida é canalizada para o Estado, que a recoloca no ciclo por meio dos gastos em salários, compras e investimentos produtivos – como se a riqueza real, representada pela forma dinheiro em seu movimento, atravessasse todo o aparato institucional do Estado. Uma parcela faz parte do movimento específico do capital industrial, mas outra, aquela representada pelo movimento da dívida, faz parte da parcela autonomizada do capital monetário portador de juros.

Um detalhamento histórico das contas públicas do Brasil pode mostrar que, durante muitos anos, o Estado brasileiro produziu superávits primários, ou seja, gastou menos do que arrecadou até novembro de 2014, passando a apresentar déficits primários depois dessa data. Durante todo o período, ano após ano, o superávit primário sempre foi insuficiente para o pagamento dos juros da dívida, cuja diferença foi paga com novas dívidas. Assim, a dívida pública brasileira cresceu continuamente, com exceção de alguns anos, devido principalmente à conta de juros, que sempre foi superior ao superávit primário. Dessa forma, todo o capital acumulado na forma fictícia de dívida pública cresceu continuamente, passando de 49,1% do PIB em 2000 para 55,3% em 2010, 59,5% em 2015, chegando a 87% do PIB em dezembro de 2020. O total da dívida em títulos emitidos pelo Tesouro Nacional atingiu o montante de R$6,69 trilhões, dos quais R$1,92 trilhão estava na carteira do Banco Central e R$4,77 trilhões no mercado. Os detentores destes títulos eram as instituições financeiras, com 29,6%; fundos de investimentos, com 26,0%; fundos de previdência,

22,6%; não residentes, 9,2%; governos, 3,8%; seguradoras, 3,7%; e outros, 5,1% (Brasil, 2021, p. 22).

Não é somente pela dívida pública que o Estado cria capital fictício adicional. Marx, em sua explicação sobre esta categoria, diz que:

> A formação do capital fictício chama-se capitalização. Cada receita que se repete regularmente é capitalizada em se a calculando na base da taxa média de juros, como importância que um capital, emprestado a essa taxa de juros, proporcionaria [...]. (Marx, 1985--1986b, p. 11)

Assim, qualquer rendimento regular, como as pensões que viúvas e filhas de militares ou de servidores recebem no Brasil (Shalders, 2021), pode ser avaliado sob essa forma de capital. Segundo os dados disponíveis no portal da transparência (Brasil, 2021), em dezembro de 2020 existiam mais de 226 mil pensionistas do Ministério da Defesa, que receberam um total de R$1,73 bilhão no mês, após todos os descontos obrigatórios. O valor médio das pensões foi de R$7.661,11. Se capitalizarmos a uma taxa de 0,4375%, ou seja, a taxa básica média mensal, que equivale à taxa Selic de 5,25% ao ano, vigente em agosto de 2021, teríamos que ter um capital aplicado a juros equivalente a R$1.761.174,71 para obtermos esse rendimento mensal. Esse cálculo naturalmente está muito simplificado, pois não considera o tempo que o benefício será concedido, nem há quanto tempo já vem sendo pago. Além disso, é um cálculo sobre a média e para um único mês. Para se ter uma ideia mais global, mas ainda com limites semelhantes, podemos capitalizar o total dos pagamentos em pensões, à mesma taxa, e obteríamos um montante de R$398,54 bilhões que deveriam ser aplicados à taxa Selic para gerar a mesma remuneração. Essa é uma forma de capital a juros que não existe, é capital fictício. Mas, com o desenvolvimento do mercado na esfera financeira, poderíamos convertê-los em capitais reais, criando títulos com o direito de receber mensalmente as pensões e vendendo no mercado financeiro. Assim, esta operação permitiria ao detentor original desses títulos a conversão de uma parcela do capital fictício em capital real e convertida em qualquer outra forma de riqueza.

Valor acionário ou mercado de ações

As unidades particulares de capital podem ser organizadas sob várias formas jurídicas, como empresas individuais, sociedades por cotas ou sociedades anônimas (SA). Sob esta forma, o capital é representado por ações. Por exemplo, para um capital (D) de R$ 100 milhões, podem ser emitidas 100 milhões de ações com valor nominal de um real cada, ou por dez milhões de ações com valor nominal de dez reais cada.

As empresas que negociam suas ações e títulos nas bolsas de valores são classificadas como de capital aberto. São estas que nos interessam neste ponto. Além disso, as ações podem ter vários tipos de classificação; as que nos importam são as ordinárias e preferenciais. As primeiras dão direito a voto nas assembleias e as outras têm preferência no pagamento dos dividendos. Assim, uma SA com o capital dividido em 50% para cada tipo de ação permite que, com 25% mais uma ação, um único sócio tenha o controle da empresa ou o comando do capital.

Após a fundação da empresa, todas as ações podem ser vendidas para os sócios em um processo que pode ser realizado em dois momentos subsequentes, a subscrição e a integralização ou o pagamento das ações. Para simplificar, podemos supor que todas as ações sejam subscritas e integralizadas ao mesmo tempo; assim, teremos o D inicial. O processo de organização e fundação da empresa, as atividades iniciais preparatórias para o início de seu funcionamento, exigem gastos que vão constituir dispêndios de uma parte do D. Dessa forma, a primeira metamorfose D–M tem seus custos e o montante inicial de dinheiro não é todo convertido em Mp e Ft, ou seja, a empresa começa a apresentar uma redução entre o capital social nominal e o que é chamado de patrimônio líquido. Concluído todo o processo de fundação, a empresa poderá iniciar o processo de produção em que os meios de produção e a força de trabalho adquiridas serão colocados em ação para a produção de mercadorias M' e a sua realização com a venda D'. À medida que a produção é realizada, em que se estabelece o movimento contínuo D–M–D', o patrimônio líquido da empresa vai crescendo com os lucros que vão se acumulando. Este patrimônio pode estar sob a forma de edifícios, máquinas, equipamentos, ferramentas, matérias-primas em estoque, produtos em elaboração, produtos acabados e até na forma dinheiro. De qualquer modo, temos uma primeira diferenciação entre o valor nominal e o valor patrimonial da empresa, que pode se refletir no preço de cada uma das ações.

Os lucros cotidianos que a empresa vai acumulando podem ser totalmente distribuídos no final de um ciclo do capital ou como é realizado normalmente no final de cada ano fiscal. Esses lucros distribuídos são chamados de dividendos e são repartidos proporcionalmente ao número de ações. A empresa pode, igualmente, guardar uma parte dos lucros para aumentar o valor em cada ciclo do capital, ou seja, acumular capital. Este pode estar em qualquer das formas do patrimônio líquido. Assim, no momento da distribuição dos dividendos, os lucros podem estar na forma de estoques de matérias-primas ou de produtos não vendidos e não em dinheiro. Isso explica, em parte, a divisão das ações em ordinárias e preferenciais.

Além disso, as ações que inicialmente aparecem como se fosse um título de propriedade se convertem em um título de renda.

> Mas esse capital não existe duplamente, uma vez como valor-capital dos títulos de propriedade, das ações, e outra vez como capital realmente investido ou a investir naquelas empresas. Ele existe apenas nesta última forma, e a ação nada mais é que um título de propriedade, *pro rata*, sobre a mais-valia a realizar por aquele capital. (Marx, 1985-1986b, p. 11)

As sociedades anônimas de capital aberto negociam seus títulos, especialmente as ações, nas bolsas de valores. Nestas, o preço de mercado se dissocia do valor nominal devido a dois fatores principais:

> Por um lado, seu valor de mercado flutua com o montante e a segurança dos rendimentos, sobre os quais dão título legal. Se o valor nominal de uma ação, isto é, a soma recebida, que a ação originalmente representa, é de 100 libras esterlinas e se a empresa, em vez de 5%, proporciona 10%, seu valor de mercado, com as demais circunstâncias constantes e com uma taxa de juros de 5%, sobe para 200 libras esterlinas, pois capitalizada a 5% a ação representa um capital fictício de 200 libras esterlinas. [...] Ocorre o contrário quando diminui o rendimento da empresa. O valor do mercado desses papéis é em parte especulativo, pois não é determinado apenas pela receita real, mas também pela esperada, calculada por antecipação. (Marx, 1985-1986b, p. 12)

O mercado de ações no Brasil está quase todo centralizado na BM&FBovespa, ou na fusão das antigas Bolsa Mercantil e de Futuros e da Bolsa de Valores de São Paulo. Segundo os dados disponíveis, havia 387 sociedades anônimas de capital aberto listadas na bolsa, ou seja, empresas que têm suas ações negociadas no pregão da bolsa. Seu valor de mercado, ou valor acionário, era de R$5,63 trilhões ou US$1,08 trilhão, no final de julho de 2021 (BM&FBovespa, 2021). Cumpre destacar que esse valor é estimado diariamente, pois suas ações podem ou não ser negociadas todos os dias durante os pregões da bolsa, e adquiriram uma autonomia em relação ao capital real que representam. Naturalmente, cada uma das empresas tem diferentes tipos de ações que estão sendo negociadas no mercado e que constituem uma parcela, maior ou menor, do total das ações negociadas. É por meio dos preços das ações negociadas que são estimados, diariamente, segundo os dividendos e a especulação, os valores acionários ou o valor da empresa em termos atuais. Esse é o montante que indica o volume de capital fictício na bolsa de valores no Brasil. A riqueza individual dos capitalistas mais ricos do mundo, e também do Brasil, são estimadas da mesma maneira pela Forbes, por exemplo, que foi enriquecida com 40 novos bilionários brasileiros neste ano

(Castro, 2021), em meio à pandemia de Covid-19 e a uma grave crise econômica – uma escala de riqueza que varia continuamente segundo os humores do mercado financeiro, sem um impacto significativo, a não ser em momentos particulares, sobre o ciclo de reprodução e acumulação contínua do capital industrial.

Do ponto de vista do capital real, as variações nos preços das ações praticamente não produzem efeitos significativos. O capital, nas formas dinheiro, mercadoria e produtivo, continua o mesmo. Mas, para os proprietários das ações, os impactos podem ser gigantescos. Imaginemos que seja colocado no mercado acionário apenas 5% do total de ações e o seu preço duplica. A variação em seus preços de mercado, devido principalmente à especulação, afeta o preço de mercado de todas as demais. Se o proprietário controlador dispõe de 30% de um milhão de ações no valor nominal de dez reais cada, ou R$300 milhões, sua riqueza nominal em valor acionário dobrará, passando a ser de R$600 milhões. Da mesma forma, uma queda repentina no preço das ações, como ocorre periodicamente nas bolsas, ou devido às crises, pode produzir uma redução repentina e importante na riqueza pessoal, segundo esta forma de estimativa. Mas seu efeito sobre o ciclo real do capital industrial pode ser muito pouco significativo ou enorme, dependendo das circunstâncias.

Derivativos e moedas

Os derivativos, como seu nome diz, surgiram como títulos derivados de outros títulos, mercadorias e valores. Mas podem apresentar toda uma série de formas diferentes. Eles são negociados na bolsa mercantil e de futuros e buscam minimizar ou transferir riscos, por um lado, e, por outro, constituem um campo privilegiado de aplicações especulativas, ou apostas sobre valores futuros. Por exemplo, um produtor de soja pode oferecer a safra que vai colher com receio de que o preço caia no período da colheita em relação ao preço atual. Uma indústria que processa soja pode comprar a soja com receio de que o preço aumente. Assim, fazem um contrato de compra e venda de um milhão sacas de soja no futuro ao preço atual de R$150 cada. No final da safra, o produtor entrega o produto e recebe o pagamento ao preço contratado, se o preço se mantiver constante. Entretanto, o preço da saca pode aumentar ou diminuir. Se aumentar para R$160, ele deixa de receber a diferença de dez milhões de reais, e está sofrendo uma perda em benefício do comprador. Se diminuir para R$140, ele recebe um valor maior, de R$150 milhões, e é a indústria quem sofre a perda com a diferença dos preços.

Com todo o desenvolvimento do mercado, surgiram tanto vendedores como compradores que podem estar apenas especulando sobre o preço futuro, e os contratos podem ser padronizados e oferecidos pela própria Bolsa. Existe uma enorme variedade desses contratos lastreados em preços de mercadorias (*commodities*), índices, taxas de juros, taxas de câmbio, ações etc. – como os contratos futuros de soja com liquidação financeira, por exemplo. Assim, são negociados contratos futuros de opções de compra ou de venda de soja. Estes podem ser negociados até o último dia útil antes do vencimento e podem ser negociados na mesma sessão de negociações dos mesmos contratos de mesmas séries em operações de *day trade*.

No final de julho de 2021, a BM&FBovespa (2021) registrava um total de 1,053 bilhão de contratos, em 116.788.555 negócios, com um volume financeiro de R$21,73 trilhões. Na mesma data, as negociações de moedas registravam 7,97 milhões de contratos, em 819 mil contratos, com um volume financeiro de R$2,07 trilhões. Como são contratos sobre as variações de preços, taxas ou índices no futuro, esse valor não é efetivamente o montante de dinheiro envolvido. Por isso passou a ser chamado de valor nocional. Os montantes efetivamente envolvidos são as taxas para a compra das opções e o resultado verificado no final do contrato, pela diferença entre os preços, taxas ou índices, negociados, e os mesmos efetivamente observados. Os especuladores devem atuar por meio de uma corretora e depositar como garantia 4,32% do valor total dos contratos negociados, que pode ser em dinheiro, títulos públicos, certificados de depósitos bancários (CDB) ou ações de empresas. A BM&FBovespa executa diariamente o ajuste das posições em aberto (compradas ou vendidas), creditando e debitando valores nas contas dos participantes do mercado futuro.

Considerações finais

O tema aqui tratado é amplo e complexo, além de ter muitas interpretações e divergências. Assim, este capítulo deve ser considerado como apenas mais uma interpretação e uma tentativa de compreensão mais facilitada do assunto. Para tanto, evitamos na exposição qualquer referência às divergências e aos debates que encontramos na literatura, para que seja mais acessível a todos. Naturalmente, isso não acaba com os riscos.

Para concluir, devemos destacar alguns pontos importantes. Em primeiro lugar, o desenvolvimento e a gigantesca expansão da esfera financeira transferiram a lógica da acumulação de capital na esfera produtiva para a lógica da acumulação financeira. Assim, o momento atual do desenvolvimento capitalista é dominado por esta lógica, ou seja, para efeitos de simplificação, vivemos sob o domínio da financeirização, cujas exigências afetam e alteram profundamente as formas de organização do trabalho e as relações de trabalho da esfera de produção das mercadorias.

Em segundo, o texto apresenta muitos dados quantitativos de diferentes fontes e datas diversas. Assim, esses dados servem apenas de referência, e não devem ser tomados de forma absoluta, nem comparados ou somados. Muitas fontes e autores costumam somar os números das diferentes formas assumidas pelo capital portador de juros para demonstrarem a predominância da esfera financeira. Queríamos ressaltar que cada uma das formas pode estar misturada a outras formas. O melhor exemplo é o capital bancário portador de juros, o qual, além do dinheiro, é constituído por títulos públicos, títulos privados e ações. Assim, as diferentes formas concretas, estimadas quantitativamente, não devem ser somadas, pois ocorrerá o equívoco de múltiplas contagens dos mesmos dados. Para isso, devem considerar que os números consistem apenas em ilustrações do processo.

Referências

BCB. Banco Central do Brasil. *Notas econômico-financeiras*. Disponível em: https://www.bcb.gov.br/estatisticas/notaseconomicofinanceiras. Acesso em 16 de agosto de 2021.

BIS. Bank of International Settlements. *Statistics*. Disponível em: https://www.bis.org/. Acesso em 28 de agosto de 2021.

BIS. Bank of International Settlements. *Triennial Central Bank Survey. Foreign exchange turnover in April 2019*. Disponível em: https://www.bis.org/statistics/rpfx19_fx.pdf. Acesso em 28 de agosto de 2021.

BM&FBOVESPA. *Valor de mercado das empresas listadas – B3*. Disponível em: http://www.b3.com.br/pt_br/market-data-e-indices/servicos-de-dados/market-data/ consultas/mercado-a-vista/valor-de-mercado-das-empresas-listadas/bolsa-de-valores-mensal/. Acesso em 30 de agosto de 2021.

BM&FBOVESPA. *Derivativos – B3. Resumo das operações/Estatísticas*. Disponível em: http://www.b3.com.br/pt_br/market-data-e-indices/servicos-de-dados/market-data/ consultas/mercado-de-derivativos/resumo-das-operacoes/estatisticas/. Acesso em 02 de setembro de 2021.

BRASIL. Ministério da Economia, Secretaria Especial de Fazenda, Secretaria do Tesouro Nacional. *Dívida Pública Federal: Relatório Anual 2020*. Brasília: Secretaria do Tesouro Nacional, janeiro, 2020, número 18. Disponível em: https://www.tesourotransparente.gov.br/publicacoes/relatorio-anual-da-divida-rad/2020/114. Acesso em 28 de agosto de 2021.

BRASIL. Portal da Transparência. Controladoria-Geral da União. *Download de dados de inativos e pensionistas*. 2021. Disponível em: http://www.portaltransparencia.gov.br/download-de-dados/servidores. Acesso em 30 de agosto de 2021.

CASTRO, Mariangela. Quem são os 40 novos bilionários brasileiros no ranking 2021. *FORBES*. Disponível em: https://forbes.com.br/forbes-money/2021/08/quem-sao-os-40-novos-bilionarios-brasileiros-no-ranking-2021. Acesso em 02 de setembro de 2021.

HILFERDING, Rudolf. *O capital financeiro*. Os Economistas. São Paulo: Nova Cultural, 1985.

MARX, Karl. *O capital: crítica da Economia Política*. Livro II. São Paulo: Nova Cultural, 2ed. 1985.

MARX, Karl. *O capital: crítica da economia política*. Livro III. Tomo I. São Paulo: Nova Cultural, 2ed. 1985-1986a.

MARX, Karl. *O capital: crítica da economia política*. Livro III. Tomo II. São Paulo: Nova Cultural, 2ed. 1985-1986b.

SHALDERS, André. Filhas solteiras de militares recebem até R$ 117 mil mensais, mostram dados públicos inéditos. *O Estado de São Paulo*. 02 de julho de 2021. https://politica.estadao.com.br/noticias/geral,filhas-solteiras-de-militares-recebem-ate-r-117-mil-mensais-mostram-dados-publicos-ineditos,70003766685. Acesso em 30 de agosto de 2021.

WORLD BANK. *The World Bank. Data*. https://data.worldbank.org/indicator. Acesso em 30 de agosto de 2021.

O papel do Estado no moderno sistema de crédito

Merci Pereira Fardin
Rafael Breda Justo
Pedro Rozales Rodero Dominczak

Introdução

Os Bancos Centrais (BC) foram instituídos devido à necessidade de gerenciar a moeda de cada nação, mas suas funções e sua atuação extrapolam essa regulação. Os BCs integram os aparelhos institucionais dos modernos Estados capitalistas e são a forma pela qual o próprio Estado intervém no sistema de crédito e regula o sistema bancário e monetário dentro dos países e nas transações comerciais entre eles.

O funcionamento do sistema bancário e suas relações com a dinâmica das trocas comerciais não são novas. Ele se desenvolveu historicamente como uma parte da forma autonomizada do capital comercial, que Marx denominou de capital de comércio de dinheiro. Esta forma se concretizou por meio dos comerciantes que se especializaram no câmbio entre diferentes moedas, na guarda de reservas monetárias e também em parte das tarefas necessárias à metamorfose das mercadorias, como cobranças, pagamentos, compensações e empréstimos. "Na Inglaterra, durante a maior parte do século XVII, os ourives ainda atuavam como banqueiros" (Marx, 1985-1986a, p. 236). Assim, os comerciantes de dinheiro se converteram em banqueiros.

Atualmente, os sistemas monetários evoluíram muito e se tornaram bastante complexos. Eles fazem parte de um sistema mais amplo, o sistema de crédito, que inclui todas as instituições financeiras, empresas seguradoras, bolsas de mercadorias e de valores e outras instituições. Aos bancos centrais foram atribuídas várias funções, entre elas a regulamentação, controle e fiscalização dos sistemas de crédito.

Assim, dada a importância do moderno sistema de crédito nas economias capitalistas, neste capítulo pretendemos analisar para que servem os BCs e qual sua importância para o funcionamento do sistema de crédito. Para tanto, voltaremos na história com a intenção de mostrar as razões que levaram à criação destas instituições e quais as funções que elas passaram a desenvolver mais especificamente ao longo do tempo. Assim, poderemos olhar para o presente e compreender as funções desempenhadas pelos BCs no momento atual, no qual o sistema de crédito tornou-se um dos principais sustentáculos do capital.

Origens históricas do sistema bancário e dos Bancos Centrais

O Riksbank, na Suécia, fundado em 1668, e o Banco da Inglaterra, criado em 1694, ambos de natureza privada, foram os primeiros a operar como Bancos Centrais. Na Europa, a maior parte deles foi criada durante o século XIX e nas duas primeiras décadas do século XX. Contudo, a maioria dos BCs ao redor do mundo foram criados entre 1929 e 1952. Naquela altura, quase todos os países da América Latina já tinham um BC, menos o Brasil, que só o instituiu em 1964. Todavia, vale ressaltar que, diferente dos primeiros Bancos Centrais, quase todos os que foram criados a partir do final do século XIX nasceram como instituições públicas e sem fins lucrativos, fruto de decisão governamental, para executarem atividades específicas. Com o desenvolvimento do sistema financeiro, passaram a exercer a função de controle, fiscalização e regulamentação do sistema de crédito.

Mas, afinal, por que eles surgiram em períodos tão diversos? E por que os Estados nacionais os criaram? Seriam imposições do próprio funcionamento do mercado capitalista? A resposta para estas questões criou um debate internacional sobre as origens históricas dos BCs. De um lado, acreditava-se que eles foram impostos "de fora" para "dentro" do mercado, "como resultado de favores governamentais" (Smith *apud* Corazza, 2001, p. 125). De outro, defendia-se que os Bancos Centrais surgiram em decorrência do próprio funcionamento da economia capitalista – "o banco central é uma criação do mercado, não uma criatura do Estado" (Aglietta, 1992, p. 677).

Os Estados nacionais criaram os BCs num estágio de desenvolvimento avançado do capitalismo, em que o uso do dinheiro está generalizado, mediando as relações econômicas nos países e entre países. Nesse contexto, a produção de riqueza passou a necessitar de algum tipo de controle e regulação do dinheiro, do crédito e das operações no interior do sistema de crédito. Assim, podemos dizer que é o próprio movimento do capital que provocou a necessidade da existência de instituições que busquem regular a emissão e a circulação do dinheiro e do capital.

O caso inglês

Marx, dedicou a seção IV do livro III d'*O capital* ao estudo da circulação do capital sob o ponto de vista do dinheiro. Um dos pontos importantes é a transformação do dinheiro e do sistema bancário e de crédito. Assim, ele demonstrou como o dinheiro metálico foi substituído em sua função de meio de circulação pelo dinheiro de crédito, bem como o papel fundamental dos bancos e do Estado no processo de circulação do capital. Como é conhecido, o capital, em sua dinâmica contraditória, passa periodicamente por crises, e as crises bancárias da época foram fundamentais para a compreensão do sistema bancário e do papel do governo por meio das leis bancárias – em especial a lei bancária de 1844, na Inglaterra. O detalhamento desses estudos não é objeto deste capítulo, mas deve-se destacar que o sistema bancário, originado do capital de comércio de dinheiro, se constituiu também em unidades particulares do capital, como os atuais bancos privados.

Assim, o Banco da Inglaterra foi fundado como um banco privado, em 1694, para financiar os esforços de guerra contra a França, e foi estatizado em 1946. Desde seu início, funcionou como um banco convencional, recebendo depósitos, mas atendia a demanda de financiamento do governo e realizava a emissão de notas ou bilhetes de banco. Essas notas já eram a evolução dos certificados de depósitos de ouro recebidos pelos ourives, e se converteram nas formas atuais de papel-moeda, emitido de forma centralizada pelos bancos centrais. Para a emissão de notas, os bancos deviam manter reservas em ouro para garantir a conversibilidade dessas notas, mas também podiam usar notas de outros bancos para essa garantia. "Embora [...] ele geralmente tenha em circulação notas até ao valor de 100 mil libras, o montante de 20 mil libras em ouro e prata pode, muitas vezes, constituir a provisão suficiente para atender às demandas ocasionais" (Smith, 1983, p. 256-257).

Quase um século depois, o governo inglês, por meio da lei bancária de 1844, estabeleceu a divisão do Banco da Inglaterra em um departamento de emissão e um departamento bancário. O primeiro era responsável pela emissão de notas e efetuava as trocas destas por ouro e vice-versa. Para tanto, as notas emitidas eram na mesma proporção das reservas metálicas e dos títulos. O departamento bancário era encarregado das demais operações. Entretanto,

> Os bancos privados da Inglaterra e do País de Gales, autorizados em 1844 a emitir notas próprias, conservam esse direito, mas sua emissão de notas é contingenciada; se um desses bancos deixa de emitir notas próprias, o Banco da Inglaterra pode aumentar seu montante a descoberto de notas em 2/3 da cota disponível [...]. (Marx, 1985-1986b, p. 79)

Mas, ao regular melhor o sistema bancário, a lei bancária permitiu aprofundar a crise naquele período, segundo Marx. De qualquer modo, eram as notas do Banco da Inglaterra que serviam como garantia para os demais bancos emitirem suas próprias notas e eram entesouradas como reservas.

O exemplo do Banco da Inglaterra é bastante utilizado para explicar as funções que começaram a surgir como necessárias à regulação e ao funcionamento do sistema bancário e de crédito para amenizar as crises monetárias da época. Várias das proposições da lei bancária de 1844 serviram como embriões das funções dos BCs, e só foram propriamente sistematizadas e amplamente aplicadas posteriormente.

O caso da Inglaterra é importante pelo fato de ter mantido uma posição hegemônica no mercado mundial ao longo do século XIX, e também por ter se tornado a principal *praça financeira* internacional já no início do século XIX, ocupando posição de destaque até os dias atuais. Já vimos nos capítulos anteriores que o desenvolvimento industrial e a dinâmica concorrencial capitalista exigiram o desenvolvimento do sistema bancário como forma de catapultar a concentração e a centralização de capitais.

De qualquer forma, Corazza, ao contrário das posições de Aglietta e Smith, considera que

> o motivo principal de sua criação [dos Bancos Centrais] não foram as necessidades do Tesouro, mas a necessidade da unificação monetária e a das crises financeiras. Além disso, tanto o Banco da Inglaterra como o Banco da França foram criados como bancos governamentais, mas não com funções de BCs, nem com o objetivo de exercê-las. Eles foram se tornando BCs à medida que passaram a assumir responsabilidades em relação aos demais bancos. Suas funções de BCs nasceram da evolução das práticas do mercado. O fato de terem sido esses dois bancos que foram se tornando BCs e não outros, isto sim, se deve à posição privilegiada e proeminente que ocupavam dentro do sistema bancário da época. (2001, p. 126)

Nesse sentido, o que ocorreu foi a combinação das necessidades criadas pelo funcionamento da reprodução capitalista, bem como da necessidade crescente de intervenção estatal.

Entretanto, se seguimos Marx, o processo de surgimento e de gradativa atribuição de funções a um determinado banco foi decorrente de uma situação cada vez mais caótica das contradições do próprio capital. A possibilidade de criação monetária – a criação do dinheiro bancário de crédito por meio de notas bancárias sem as devidas e necessárias reservas – levou às corridas bancárias em vários momentos de crise do capital. A substituição do dinheiro pelas letras de câmbio como meio de circulação também permitiu a expansão fictícia e fraudulenta desses títulos, ampliando o potencial de crises.

Antes de tratarmos mais demoradamente das funções desempenhadas pelos Bancos Centrais, examinaremos rapidamente outro tipo de sistema bancário, o chamado "sistema bancário livre", que vigorou na Escócia entre os séculos XVII e XVIII, e nos Estados Unidos, em boa parte do século XIX.

O sistema bancário "livre"

O sistema bancário livre é um sistema bancário e monetário marcado pela existência de muitos bancos que deteriam o direito de emitir suas próprias moedas e que concorreriam entre si. Como ocorre em vários setores e ramos de uma economia capitalista, a permanência dos melhores e mais eficientes competidores em detrimento dos menos eficientes acabaria por levar à falência ou à incorporação destes por aqueles. Adam Smith considerava, de forma otimista, que

> A última proliferação de bancos, tanto na Inglaterra como na Escócia – evento que tem alarmado a muitos –, em vez de diminuir, aumenta a segurança do público. Obriga todos os bancos a serem mais cuidadosos em sua conduta e, evitando aumentar seu dinheiro circulante além da devida proporção com seu dinheiro em caixa, leva-os a se acautelarem contra esses golpes maliciosos que a rivalidade de tantos concorrentes está sempre pronta a infligir-lhes.

> Essa multiplicação de instituições bancárias restringe a circulação de cada banco em particular a um círculo mais estreito, reduzindo o número de suas notas circulantes. (1985, p. 283)

Um sistema assim, puro, não existiu, contudo, na realidade concreta, pois os bancos escoceses também tinham suas relações com o Banco da Inglaterra e, nos Estados Unidos, foram criados bancos nacionais e várias tentativas de centralização monetária. Afinal de contas, a concorrência leva à criação de monopólios com a proteção de algumas empresas e de alguns empresários por parte dos governos – uma concentração que já havia no tempo de Smith. Além disso, existem também nações imperialistas que controlam a produção e o consumo das nações dependentes, entre outros fatores. No entanto, vale a pena ver como esse sistema operava na prática.

Em meados do século XVIII, o sistema bancário escocês estruturou-se em torno de três grandes bancos por ações, que foram autorizados a funcionar pelo Parlamento escocês sob a forma de sistema bancário livre: o *Banco da Escócia*, o *Real Banco da Escócia*, e o *British Line Company*. A partir desta data, na Escócia, os bancos não precisavam mais das cartas-licença ou autorização para funcionarem (Corazza, 2001, p. 131).

Durante algum tempo, esse sistema bancário livre operou razoavelmente, pois 1) havia nele pouca quantidade de depósitos, que eram a maior fonte de instabilidade naquela época; e 2) os acionistas daqueles principais bancos tinham total responsabilidade pelo seu funcionamento. Caso quebrassem, os acionistas deveriam cobrir o prejuízo com todos os seus ativos, o que também contribuía para dar estabilidade ao sistema.

Todavia, esse sistema não prosperou, já que a própria lógica da economia capitalista fez com que fosse aprofundada a hierarquia entre os bancos, separando os emissores dos que não emitiam moeda. E, dentro do grupo dos bancos emissores, havia os que já tinham sua posição consolidada e aqueles que regulavam sua emissão de moeda em função do primeiro grupo. Assim, aquela experiência, "[...] em vez de comprovar a não necessidade de uma instituição central, ao contrário, demonstra como esse sistema gera endogenamente uma estrutura centralizada e hierarquizada" (Corazza, 2001, p. 132).

Passemos agora ao caso estadunidense. Em meados do século XIX, nos Estados Unidos, funcionou um sistema que poderia ser comparável ao escocês. Não havia leis federais que regulassem a emissão de moedas e mesmo a pouca legislação existente sobre o funcionamento dos bancos, em geral, não era respeitada. Mas deve-se também considerar que, após a Guerra da Independência (1776 a 1783), envolvendo França e Espanha ao lado dos colonos, os Estados Unidos ainda eram constituídos pelas 13 colônias originais que estavam se expandindo. Os EUA e a Grã-Bretanha ainda se envolveram em outra guerra, entre 1812 e 1815, por uma série de razões que não cabe detalhar. Entre 1846 e 1848 ocorreu a guerra entre os EUA e o México, ao final da qual este último perdeu cerca de metade de seu território (Califórnia, Nevada, Texas, Utah, Novo México e parte do Arizona, Colorado e Wyoming), ao mesmo tempo em que o Texas, que pretendia se tornar independente, acabou se incorporando aos EUA, constituindo seu atual território continental. Entre 1861 e 1865, tomou lugar a Guerra da Secessão, ou a Guerra Civil Norte-Americana, um conflito brutal, intenso e mortífero, com centenas de milhares de mortos. Foi nesse contexto que, além de todo o processo de expansão e ocupação territorial, haveria de se estabelecer um governo central para impor uma legislação federal a um conjunto de estados federados, com grandes poderes e autonomia locais. Nessas condições, as tentativas de centralizar e unificar a moeda nacional foram infrutíferas durante quase todo o século XIX até o início do século seguinte.

Assim, quem controlava a liberação de licenças para a criação de bancos eram os estados federalizados; os capitalistas que tivessem boas relações políticas com os governos nos seus respectivos estados poderiam criar e operar bancos. Nesse contexto, surgiu uma grande quantidade de instituições bancárias – um total de 1.600 em 1860 – que emitiam sua própria moeda. Além dessas, empresas privadas, como seguradoras e ferrovias, também emitiam suas próprias notas de dólares. Segundo Corazza, "sem uma instituição reguladora, que unificasse a moeda circulante, havia diferentes notas bancárias em circulação ao mesmo tempo com preços diferentes e sem uma unidade de conta para regular o câmbio entre elas, ficava difícil saber o valor do dinheiro" (2001, p. 133).

O próprio sistema bancário estadunidense buscou a criação de mecanismos que pudessem resolver aqueles problemas, como foi o caso do *Suffolf Bank* (de Boston), que funcionava como um sistema de seguros, por meio dos bancos de Nova York, e como uma central de reservas, compensando as notas de bancos menores. Além disso, em 1863, com a promulgação do *National Banking Act*, foram criados bancos nacionais a fim de garantir estabilidade àquele sistema com a unificação da moeda nacional. Entretanto, depois de importantes crises bancárias ocorridas entre final do século XIX e início do século XX, em particular o chamado pânico de 1907, finalmente foi instituído o Banco Central estadunidense, o *Federal Reserve System* (Fed), em 1913, como uma instituição privada, cujo projeto foi proposto e controlado por grandes banqueiros, como John D. Rockefeller e John P. Morgan, entre vários outros.

Em suma, também no caso dos chamados sistemas bancários livres, a própria dinâmica da acumulação capitalista conduziu, por fim, à centralização do sistema bancário e à consolidação dos Bancos Centrais.

As funções dos Bancos Centrais

Os Bancos Centrais cumprem três funções principais:
- ser o banco dos governos;
- guardar as reservas nacionais, emitir e controlar o dinheiro;

- ser emprestador de última instância e ser banqueiro dos bancos.

Estas funções não são independentes umas das outras. Contudo, ser banqueiro do governo foi a primeira função dos Bancos Centrais. Ela emergiu da necessidade, por parte do Estado, de realizar gastos que superavam seus orçamentos e suas possibilidades de arrecadação, em particular no contexto das guerras de todo o período colonial. Inicialmente, tal função foi realizada por bancos comerciais ou por verdadeiras dinastias financeiras, como os Médici, Fugger, Rothschild etc. Essa necessidade dos Estados nacionais foi um dos principais motores da consolidação dos Bancos Centrais, e, desde o Banco da Inglaterra, coletavam impostos, faziam empréstimos aos governos e descontavam títulos da dívida pública. Nos modernos sistemas de crédito, uma parte importante da criação primária de moeda é realizada por meio dos pagamentos que os BCs realizam por conta dos tesouros nacionais e o recebimento das receitas constituem cancelamento ou destruição da moeda criada. Aqueles que foram estatizados ou criados como instituições públicas transferem seus lucros ou parte deles para os governos.

Sobre a segunda função – de ser guardião das reservas e emissor de moeda –, podemos dizer que ela foi uma decorrência da primeira, de ser banco do governo. Se a emissão por meio da cunhagem de moeda metálica sempre foi prerrogativa dos Estados, a emissão do papel moeda foi sendo absorvida por um banco que tinha como garantia, para a conversibilidade das notas, as reservas metálicas dos próprios bancos mais as reservas e títulos dos governos, como foi o caso do Banco da Inglaterra. Essas notas bancárias foram substituídas por papel moeda de curso forçado nos atuais sistemas de crédito. Os bancos que exercem, então, estas duas funções – de ser o banco do governo e emissor de notas – se tornaram, na prática, bancos centrais, antes mesmo de serem regulamentados jurídica ou politicamente.

Por fim, o fato decisivo na criação destas instituições foi que estes bancos passaram a centralizar as reservas dos demais bancos. O caso do Banco da Inglaterra foi emblemático, pois era um enorme banco privado que passou a operar algumas funções públicas e tornou-se o Banco Central daquele país, justamente no momento em que passou a ser o emprestador, em última instância.

> Na Inglaterra, ainda no século XVIII, os bancos privados descobriram a vantagem de ter uma conta no Banco da Inglaterra, devido à maior confiança e à mais ampla circulação de seus bilhetes. Essa tendência se acentuou com o tempo, a ponto de virar tradição confiar seus saldos ao Banco da Inglaterra. Os novos bancos por ações, autorizados após 1826, também adotaram a mesma prática, que se consolidou com a abertura de agências regionais e, mais ainda, em 1854, quando ele assumiu a função de banco de compensação. O exemplo inglês foi seguido por outros países. (Corazza, 2001, p. 140-141)

Assim, após a institucionalização dos bancos centrais, os bancos particulares passaram a ser obrigados a manter os depósitos de suas reservas, de forma voluntária ou compulsória, nos BCs. Essas reservas devem garantir que cada banco possa manter seus fluxos de caixa positivos sem problemas de déficits que indicam possibilidades de inadimplência, ou seja, de falta de moeda para seus pagamentos. No caso de insuficiência, os bancos podem fazer operações chamadas de redesconto – descontarem títulos privados que descontaram para seus clientes nos bancos centrais. O redesconto se tornou, assim, um tipo de empréstimo que o banco central efetua para que os bancos em situação de dificuldade possam honrar seus compromissos.

Desta forma, concentrar as reservas em um único banco tornou-se uma maneira mais fácil de interferir na produção e na circulação do dinheiro, além de ser mais seguro para o funcionamento do sistema monetário. Assim, os BCs puderam influenciar o *volume* de meios de circulação e de crédito da economia por meio da manipulação das taxas de juros de seus títulos da dívida e de suas intervenções no mercado monetário.

O papel dos Bancos Centrais no moderno sistema de crédito

Como procuramos mostrar, os sistemas monetários modernos se constituíram de maneira hierarquizada e centralizada em torno de um Banco Central, em que o controle da gestão monetária tomou forma ativa. Os meios de circulação e de pagamento foram indissoluvelmente ligados a uma unidade de conta puramente nominal e contábil e devem ser plenamente conversíveis em moeda fiduciária. Assim, a emissão desses meios passou a ser cada vez mais condicionada pelos movimentos do capital nos mercados financeiros. Em outras palavras, o critério de sua emissão são as necessidades decorrentes do movimento do capital, tanto na esfera real como na financeira, e isso condiciona os movimentos de expansão e contração cotidiana da base monetária, ou criação primária de moeda. Nesse sentido, a expansão da base monetária se constituiu como uma das principais ações dos BCs no mundo – como o *Federal Reserve*, o Banco Central Europeu, o Banco da Inglaterra, o Banco Central do Japão – no enfrentamento das crises recentes (Marques; Nakatani, 2013).

Como consequência dessas medidas expansionistas praticadas pelos países centrais, temos a dilatação da esfera financeira e dos capitais acumulados em formas fictícias nos mercados, além da migração do capital na forma do dinheiro para países com taxas de juros mais elevadas. Com a plena imposição das medidas e políticas econômicas neoliberais, os países subdesenvolvidos, como o Brasil, tiveram suas economias ainda mais desnacionalizadas devido ao afluxo desses capitais na conta de capital e financeira do balanço de pagamentos.

Com isso, a capacidade dos BCs nacionais em regular os sistemas de crédito e de controlar o dinheiro de crédito também foi modificada. A implementação das políticas de metas de inflação substituiu as tentativas infrutíferas de controle direto da quantidade de moeda pela fixação de taxas básicas de juros que tentam atuar sobre a demanda de produtos finais, também com pouco sucesso. O capital bancário passou a financiar não apenas as atividades produtivas ou comerciais, como também transações especulativas nos mercados de ativos reais (estoque de mercadorias, matérias-primas, terrenos e propriedade) e nos mercados de derivativos, cuja importância crescente só faz aumentar a instabilidade do sistema de crédito.

Em termos formais, os BCs recebem como atribuição o controle da estabilidade monetária, ou seja, o combate a processos inflacionários, e também a busca de criação de mais emprego e do crescimento da economia. No caso do Brasil, a única atribuição fundamental é o controle da estabilidade da moeda e isso é realizado por meio da política monetária de metas de inflação, decorrente dos acordos firmados com o Fundo Monetário Internacional (FMI) desde fins da década de 1990.

O atual funcionamento do Banco Central do Brasil (Bacen)

Para cumprir as funções de emissão e controle monetário e para influenciar a quantidade de crédito em circulação na economia, o Bacen dispõe de alguns instrumentos, como a definição da taxa Selic, da taxa e do recolhimento dos depósitos compulsórios e operações de mercado aberto (como é o caso das operações compromissadas).

A *taxa Selic* (Sistema Especial de Liquidação e Custódia) é determinada pela política de metas de inflação. Ela é aumentada ou reduzida quando os principais agentes do mercado financeiro acreditam que a inflação futura vai subir ou cair. É também a taxa de juros básica da economia brasileira, e é definida nas reuniões do Conselho de Política Monetária (Copom), que ocorrem a cada 45 dias, com participação do presidente do Bacen, membros da Diretoria e os chefes de vários departamentos. Sua importância é muito grande, uma vez que serve de referência para definir a remuneração dos títulos da dívida pública e de uma série de aplicações financeiras dos clientes dos bancos privados ou públicos.

No caso do *recolhimento dos depósitos compulsórios*, o Bacen define uma taxa que deverá ser respeitada pelos bancos comerciais, e estes deverão depositar uma porcentagem dos depósitos à vista (21%), dos depósitos a prazo (17%), dos depósitos de poupança (20%), além de outras operações, chamadas de garantias realizadas, recursos de depósitos de poupança, direcionamento de poupança e de microfinanças (BCB, 2021a). Originalmente, os depósitos compulsórios eram realizados em moeda com o objetivo de controlar a criação secundária dela, mas, atualmente, é considerado mais um instrumento para a preservação da estabilidade financeira.

As operações compromissadas são as realizadas no mercado aberto, operado pelo Bacen, no qual as instituições compram e vendem diariamente títulos da dívida pública. Nestas operações, o vendedor ou comprador de um título assume o compromisso de recomprá-lo numa determinada data futura, nas mesmas condições. Elas deveriam ser realizadas para aumentar ou reduzir a quantidade de moeda disponível no sistema de crédito ou, como se diz no jargão do mercado financeiro, administrar a liquidez. No caso das operações compromissadas do Bacen, que nos interessam aqui, trata-se em geral de compra e venda de títulos em curtíssimo prazo, que servem para remunerar os saldos diários de depósitos dos bancos, com base em uma taxa em grande medida determinada por esses próprios bancos. As operações compromissadas são realizadas em operações de *overnight*, nas quais os recursos aplicados produzem juros durante a noite. Desde fins de 2014, o volume médio diário de negócios ultrapassou 1 trilhão de reais por dia. Segundo as últimas informações disponíveis, o volume médio diário de negócios no *overnight* atingiu R$1,525 trilhão em junho de 2021 (BCB, 2021b).

No entanto, para compreender melhor a atuação concreta do Bacen, é preciso considerar algumas características estruturais da economia brasileira. Com a crise da dívida pública nos anos 1980, que teve como estopim o segundo choque do petróleo e o choque dos juros promovido pelo Banco Central estadunidense, o Brasil adentrou o fosso da recessão econômica e da inflação galopante. E, como contrapartida ao empréstimo tomado junto ao FMI, começou a ser implementado no país todo o pacote de políticas neoliberais, envolvendo privatizações de empresas e serviços estatais, abertura comercial e financeira, securitização das dívidas, e assim por diante.

Como a balança de pagamentos brasileira em conta corrente, que contabiliza uma parte das relações econômicas entre o Brasil e o resto mundo, tornou-se cada vez mais negativa, fez-se necessário atrair cada vez mais capitais para cobrir esse déficit, e um dos principais dispositivos para isso foi a manutenção das mais elevadas taxas de juros do planeta, com as quais esses capitais especulativos eram remunerados. À medida que essas taxas de juros elevadas tendem a tornar o investimento especulativo mais interessante que o investimento produtivo, o resultado tende a ser a redução da atividade econômica no conjunto da economia.

A articulação entre abertura comercial e financeira, de um lado, e manutenção de taxas de juros nas alturas, num contexto econômico recessivo, precipitou um processo de desindustrialização da economia brasileira e o retorno da especialização produtiva em atividades agropecuárias e extrativistas. A implementação do Plano Real, entre 1993 e 1994, com vistas a combater a inflação galopante, apenas aprofundou essas tendências. Isso porque o real foi fixado numa condição de paridade com o dólar, ou seja, num patamar sobrevalorizado, o que tornou os produtos brasileiros relativamente mais caros no mercado mundial, e barateou os produtos importados pelo Brasil. De fato, a sobrevalorização do real favoreceu um crescimento vertiginoso das importações, gerando o choque de competitividade previsto pelo Ministério da Fazenda, comandado então por Fernando Henrique Cardoso. Esse arranjo prejudicou fortemente diversos setores da economia brasileira, que teve um desempenho pífio no período posterior, com exceção de alguns anos, e reforçou a tendência para sua especialização em produtos agropecuários e extrativistas – comumente chamada de *reprimarização da economia*.

Desse modo, a estrutura do Plano Real reforçou a necessidade de atração de dólares, sobretudo por meio da elevação da taxa de juros, mas esse arranjo se mostrou insustentável em 1998, em meio a importantes ataques especulativos. Contando com a arte de manipulação do mercado, os administradores financeiros de Wall Street ajudaram a transferir US$30 bilhões dos cofres públicos para os cofres privados de grandes instituições financeiras e para contas em dólares das elites financeiras do país no exterior. Isso porque os especuladores tinham conhecimento de que seria necessário desvalorizar o real após as eleições presidenciais de outubro de 1998, e já haviam convertido seus reais em dólares por meio do mercado de câmbio futuro. Essas ações foram possíveis graças à atuação do FMI e do governo de Fernando Henrique Cardoso junto aos maiores bancos comerciais e corretoras do mundo, que criaram as condições que possibilitaram o fluxo das reservas de moeda forte para fora do país, deixando a conta para o Banco Central – que teria que sustentar o real vendendo dólares maciçamente, episódio que se configurou num verdadeiro saqueio das reservas internacionais do Tesouro Nacional (Chossudovsky, 1999).

Diante da queda das reservas de moeda estrangeira no Brasil, de US$78 bilhões em julho de 1998 para US$48 bilhões em setembro do mesmo ano, o governo brasileiro recorreu ao FMI para tomar novo empréstimo, que, por exigência dessa instituição, serviria para compor suas reservas de moeda forte, sinalizando aos especuladores suas condições de honrar seus compromissos financeiros perante os credores (Chossudovsky, 1999).

Outra exigência que ganhou força a partir da crise do real, e que se converteu numa das bases da política econômica, é a produção de *superávits primários*, ou seja, os gastos do governo com políticas sociais, trabalhistas, previdenciárias, investimentos em infraestrutura etc. teriam que ser limitados para que uma parte crescente dos recursos arrecadados por meio do sistema tributário possa ser usada para remunerar os credores do Estado. A implementação da Emenda Constitucional 95, em 2016, que estabeleceu um draconiano teto para os gastos, apenas reforçou essa lógica. Apesar das várias conjunturas que foram produzidas desde então, em particular com o *boom* das *commodities* na década de 2000, puxado pela demanda chinesa (que caiu após a crise econômica mundial de 2007-2008 e que teve como epicentro o colapso dos mercados imobiliários estadunidenses), e a profunda crise econômica brasileira que se arrasta desde finais de 2014, pode-se dizer que essa articulação íntima entre desindustrialização, reprimarização e austeridade fiscal, sempre pautadas pela financeirização da economia, não se desfez. Pelo contrário, só se fez aprofundar.

Conclusões

Ao longo do capítulo, pudemos mostrar que os Bancos Centrais surgiram em momentos distintos da história do capitalismo. Com poucas exceções, como a do Banco da Inglaterra e da Suécia, eles foram criados, contudo, em uma época de avançado desenvolvimento das forças produtivas, em que os resultados da Revolução Industrial já se encontravam a todo vapor nas principais economias imperialistas. Como se viu, os BCs têm, na prática, uma natureza ambivalente. Ou seja, são parte constitutiva do Estado, mas também são instituições semiautônomas e até privadas, tanto em relação ao sistema financeiro como em relação aos governos. Nas palavras de Corazza,

> sua existência e sua posição estratégica de mediação representam a solução institucional de um conflito entre o Estado e os bancos privados pelo controle do poder monetário de emissão. Como resultado desse conflito, o poder monetário acabou ficando partilhado entre os organismos que formam o tripé em que se apoia o sistema monetário moderno – o governo, os bancos centrais e os bancos privados – e o conjunto das relações formais entre eles formam a institucionalidade que permite a gestão da moeda e do crédito numa economia capitalista. (2001, p. 143)

É disso que resulta o fato de que a natureza pública dos BC's não é consequência de ocuparem um espaço dentro do Estado, mas sim do fato de que, ao serem o banco dos governos, são também o banco dos demais bancos, privados e comerciais.

Contudo, vimos que essas funções se tornaram mais complexas ao longo da história, sobretudo com o desenvolvimento do sistema de crédito e a crescente dominância das formas fictícias do capital sobre a dinâmica global da acumulação. Como o sistema da dívida pública foi e continua sendo um pilar desse sistema de crédito, e como a financeirização capturou os Estados nacionais aos processos de produção e de circulação do capital fictício, os Bancos Centrais se revelam como um dos principais responsáveis pela manutenção da estrutura de funcionamento do moderno sistema de crédito. Assim, podemos compreender o verdadeiro sentido da reivindicação da dita autonomia ou independência do Banco Central por parte dos capitalistas e de seus porta-vozes nos meios de comunicação e nas universidades: trata-se de autonomia em relação a qualquer tipo de reivindicação popular, para que estejam plenamente submetidos às exigências da reprodução do capital e do seu processo de financeirização.

Referências

AGLIETTA, Michel. Genèse des banques centrales et légitimité de la monnaie. In: *Annales. Economies, sociétés, civilisations*. 47e année, n. 3, 1992. p. 675--698. Disponível em: https://www.persee.fr/doc/ahess_0395-2649_1992_num_47_3_279068, Acesso em: 23/09/2021.

BCB. *Resumo alíquotas compulsórios*. 2021a. Disponível em: https://www.bcb.gov.br/content/estabilidadefinanceira/aliquotascompulsorios/Resumo_aliquotas_compuls%C3%B3rios.pdf. Acesso em 24/09/2021.

BCB. *Notas para a imprensa. Operações de mercado aberto*. 2021b. Disponível em: https://www.bcb.gov.br/acessoinformacao/legado?url=https:%2F%2Fwww.bcb.gov.br%2Fhtms%2Finfecon%2Fdemab%2Fma202106%2Findex.asp. Acesso em 24/09/2021.

CORAZZA, Gentil. Os bancos centrais e sua ambivalência público-privada. *Nova Economia*, Belo Horizonte, v. 11, n. 1, jul. 2011.

CHOSSUDOVSKY, Michel. *A globalização da pobreza: impactos das reformas do FMI e do Banco Mundial*. São Paulo: Moderna 1999.

MARQUES, Rosa Maria e NAKATANI, Paulo. Crise, capital fictício e afluxo de capitais estrangeiros no Brasil. *Cadernos CNH*, Salvador, v. 26, n. 67, p. 65-78, jan/abr, 2013.

MARX, Karl. *O capital: crítica da Economia Política*. Livro I. Tomo I. 2ed. São Paulo: Nova Cultural, 1985.

MARX, Karl. *O capital: crítica da economia política*. Livro III. Tomo I. 2 ed. São Paulo: Nova Cultural, 1985-1986a.

MARX, Karl. *O capital: crítica da economia política*. Livro III. Tomo II. São Paulo: Nova Cultural, 2ed. 1985-1986b.

SMITH, Adam. *A riqueza das nações: investigação sobre sua natureza e suas causas*. 2 ed. São Paulo: Nova Cultural, 1985.

A atualidade da crítica de Marx ao sistema de crédito

Gustavo Moura de Cavalcanti Mello

Neste capítulo final, gostaríamos de retomar algumas indicações sobre a atualidade da análise de Marx sobre o capital portador de juros, o capital fictício, o moderno sistema de crédito, e outros dos temas que estudamos ao longo do livro. Para isso, vale a pena ter em mente três características do capitalismo contemporâneo, que estão fortemente relacionadas: a primeira delas é a grande integração da produção em escala mundial, a chamada *transnacionalização da produção*. A segunda, o enorme crescimento dos chamados mercados financeiros e do endividamento público e privado, também em escala global. E, por fim, a multiplicação de crises e uma tendência à estagnação da economia mundial.

Nos idos dos anos de 1970, o capitalismo se afogava em suas próprias contradições, preso na armadilha da "*estagflação*" (mistura de inflação elevada e estagnação econômica), e enfrentava uma onda de revolta popular bastante radicalizada que se espalhava por todo o mundo. Mas, no geral, o que não mata o capitalismo o deixa mais forte. Nesse sentido, ele reagiu de forma violenta, golpeando duramente as organizações trabalhistas, avançando contra as políticas de bem-estar social e as políticas sociais de maneira geral, destruindo direitos trabalhistas, precarizando o trabalho, aumentando a exploração e impondo a desregulamentação dos mercados, abertura comercial e financeira, privatizações e por aí vai.

Nesse contexto, as grandes corporações correram o mundo atrás de força de trabalho e de insumos baratos, de legislações frouxas e de incentivos estatais de todo tipo, muitas vezes estabelecendo relações de subcontratação e de terceirização que lhes permitiu sugar a mais-valia extraída de trabalhadores mundo afora. Foi assim que parte da produção mundial foi dispersada por vários países, e muitas vezes uma mercadoria montada na China, na Índia ou na Indonésia passou a receber componentes vindos de dezenas de países – como é o caso de um automóvel ou de um celular. Isso foi em parte possibilitado e impulsionado por um conjunto de inovações tecnológicas em áreas como a da informática e da telemática (com destaque para os computadores e a internet), que permitiram um fluxo quase instantâneo de informações e um controle rigoroso e detalhado do processo produtivo, em tempo real, mesmo à distância. Assim, essas tecnologias se tornaram um importante instrumento de exploração do trabalho, e também de vigilância da classe trabalhadora, dentro e fora da fábrica.

Esse avanço das grandes corporações capitalistas em escala global exigiu grandes estruturas de financiamento, e também o estabelecimento de fluxos financeiros muito intensos para garantir a mobilidade do capital em escala mundial e num ritmo cada vez mais acelerado. Aqui, vemos o sistema de crédito – em sentido amplo, incluindo todo tipo de instituição bancária e financeira – servindo como *alavanca* da acumulação. Porém, como vimos anteriormente, no capítulo "O capital portador de juros em Marx", o sistema de crédito serve, ao mesmo tempo, como *freio* à acumulação. Em outras palavras, ele também impõe limites e agrava as contradições da reprodução do capital. Pois, em parte, esse crescimento explosivo do capital portador de juros e do capital fictício, que verificamos nas últimas décadas, e que geram tantas bolhas e crises financeiras, também representa uma "fuga para frente" em relação aos gargalos e aos impasses do capital, que apenas retardam e agravam os problemas estruturais.

Para ilustrar e avançar nessa análise, vejam o Gráfico 1, a seguir, sobre a taxa de crescimento do Produto Interno Bruto (PIB) mundial. O que é que nos salta a vista, em meio a essas variações bruscas que revelam que o capitalismo vive saltando de crise em crise? Olhando com atenção, conseguimos perceber que existe uma tendência de queda das taxas de crescimento mundial, medidas pelo PIB. Elas estavam entre 5 e 6% lá pela metade da década de 1960, e foram se reduzindo até perto de 2% nos últimos anos. E isso incluindo a China, cuja economia, como sabemos, apresentou um crescimento enorme ao longo das últimas décadas.

A explicação para isso envolve muitos fatores, mas tem um que merece destaque aqui. Qualquer um sabe que o principal objetivo dos capitalistas é aumentar sua riqueza e, assim, tomam suas decisões de investimento com base no retorno que esperam receber. Por isso mesmo a *taxa de lucro* vigente é muito importante – é uma espécie de estrela-guia dos capitalistas. Acontece que essa taxa teve uma tendência de queda nas últimas décadas: de acordo com os cálculos de Michael Roberts (2021), que usa um instrumento da contabilidade, a taxa interna de retorno, para estimar a taxa de lucro média dos países que compõem o G20 (o grupo das 19 maiores economias do mundo, além da União Europeia), entre 1950 e 1965, os chamados "anos dourados" do capitalismo, ela esteve acima de 10%, tendo caído bastante até o início dos anos 1980, quando ficou abaixo de 8%. Com a avalanche neoliberal e a ofensiva contra a classe trabalhadora, houve certa recuperação dessa taxa, até a segunda metade da década de 1990, quando chegou perto de 9%, mas de lá para cá a tendência voltou a ser de queda.

Essa baixa taxa de retorno acaba gerando baixos níveis de investimento que, segundo algumas estimativas, nos últimos anos não estão nem mesmo compensando o desgaste – a "depreciação" – do capital fixo, ou seja, das máquinas, edifícios etc. (Harnett, 2021).

Gráfico 1 – Taxa de crescimento anual do PIB Mundial (em %)

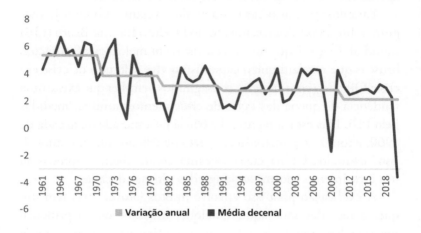

Fonte: Prado (2021a)

Gráfico 2 – PIB Global e Ativos financeiros globais

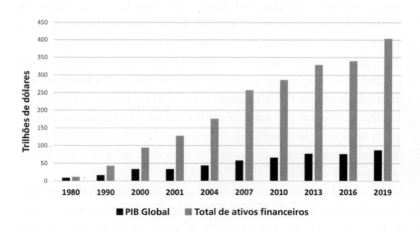

Fonte: Prado (2021c)

Há todo um debate sobre o que tem levado à queda da taxa de lucro, e muitas vezes se aponta aqui a *tendência ao aumento da composição orgânica do capital*, ou seja, o aumento da proporção entre *capital constante* (máquinas, matérias-primas, edificações, e insumos de maneira geral) e *capital variável* (a força de trabalho) e, em particular, o avanço da automação, que tenderia a eliminar trabalhadores e trabalhadoras do processo produtivo. Mas o que importa aqui é lembrar que, ao mesmo tempo em que a taxa de lucro recua e a economia mundial cresce tão pouco, vemos o sistema de crédito e os mercados financeiros se expandindo muito, conforme o quarto e último gráfico.

Nesse mesmo sentido, dados do *Global Debt Monitor* (o Observatório da Dívida Global), do Instituto de Finanças Internacionais, estimam que a taxa de endividamento bruto em relação ao Produto Nacional Bruto (PNB) mundial elevou-se, globalmente, de 320% em 2019 para 365% em 2020 (IFF, 2021). Ou seja, o montante das dívidas globais é mais de 4,5 vezes maior do que o PNB mundial.

Em outras palavras, no capitalismo contemporâneo, as grandes corporações buscam compensar as baixas taxas de lucro por meio de ganhos especulativos, e mergulham numa espiral de endividamento. Para dar mais um exemplo desse processo, o economista marxista Michael Roberts cita um levantamento da Bloomberg que diz que aproximadamente 200 grandes corporações estadunidenses haviam se convertido em "firmas zumbis" desde o início da pandemia, ou seja, empresas cujos ganhos totais não davam conta de arcar nem com o pagamento dos juros devidos por elas em função dos empréstimos que haviam tomado. Estamos falando de 527 firmas zumbis, "20% das 3.000 maiores companhias de capital aberto, com uma dívida de US$1,36 trilhão" (Roberts, 2021, s/p).

Como discutimos ao longo de todo o livro, esse caráter contraditório da acumulação de capital, que tende à produção de crises cada vez mais amplas e devastadoras, salta à vista na investigação do sistema de crédito, "a alavanca principal da superprodução e da superespeculação no comércio" (Marx, 1984, p. 335) e "o meio mais poderoso de impelir a produção capitalista além de seus próprios limites, e um dos veículos mais eficazes das crises e da fraude" (Marx, 1986, p. 106-107). Afinal, "nesse sistema de crédito tudo se duplica e triplica e se transforma em mera quimera" (Marx, 1986, p. 15).

Não é demais insistir nisso: o capital portador de juros e o capital fictício, essas formas por meio das quais o fetichismo do capital atinge seu auge, e cujo movimento constitui o sistema de crédito, por um lado aceleram "o desenvolvimento material das forças produtivas e a formação do mercado mundial" e, por outro, "as erupções violentas dessa contradição, as crises" (Marx, 1984, p. 335). Assim, o sistema de crédito tende a transformar "a mola propulsora da produção capitalista, o enriquecimento pela exploração do trabalho alheio, num sistema mais puro e colossal de jogo e fraude, e limitar cada vez mais o número dos poucos que exploram a riqueza social" (Marx, 1984a, p. 335).

Desse modo, agravam-se as contradições do capital, que se tornam cada vez mais explosivas. Nas últimas décadas, a sucessão de crises econômicas demonstra o acerto dessas análises de Marx. Em nossa época, da perspectiva da acumulação de capital, o sistema de crédito se mostra, assim, ao mesmo tempo, remédio e veneno, mas tende a ser cada vez mais tóxico – em vez de curar o paciente, têm contribuído para sua morte. Diante de cada crise assim produzida, vale a pena lembrar, mais o Estado atua de modo a defender os interesses das grandes corporações, assumindo suas dívidas, injetando dinheiro em suas contas bancárias e jogando o ônus das crises sobre as costas da população trabalhadora.

Garante-se, assim, a reprodução do capital ao custo de uma grande devastação. Por detrás de todos esses números e gráficos, escondem-se terríveis mazelas sociais. Para citar apenas algumas, o número de pessoas passando fome no mundo em 2020 ficou entre 720 e 811 milhões de pessoas (!). Além disso, 928 milhões de pessoas enfrentaram "severa insegurança alimentar", e "quase uma em cada três pessoas no mundo (2,37 bilhões) não tiveram acesso à alimentação adequada em 2020" (FAO, 2021).

Ao mesmo tempo, como era de se esperar, a desigualdade não para de aumentar. Segundo o último relatório do *Credit Suisse*, uma poderosa instituição financeira, os 1,1% mais ricos possuem 45,8% da riqueza global (quase metade dela), enquanto os 55% mais pobres possuem 1,3% da riqueza global. E esse grupo dos mais ricos (os "ultra-ricos", segundo o relatório) aumentou em 24% num contexto de pandemia, de grave crise sanitária e econômica! Desde 2003 não ocorria um crescimento dessa ordem (Schorrocks *et al.*, 2021, p. 17).

Por sua vez, o mais recente relatório da Organização Internacional do Trabalho estima que existem mais de 220 milhões de desempregados no mundo, e cerca de 700 milhões de trabalhadores em condição de pobreza, dos quais 250 milhões estão em condição de extrema pobreza (ganhando abaixo da mísera quantia de US$1,90 por dia). Ou seja, são centenas de milhões de pessoas que não estão desempregadas, e ainda assim estão em condição de pobreza (ILO, 2021, p. 128).

Não é à toa que vemos a riqueza dos bilionários aumentar e o capital fictício se multiplicar nos mercados financeiros, ao mesmo tempo que ocorre uma pandemia de pobreza e desemprego. Essa sobreacumulação de capital, essa abundância de capital circulando o mundo em busca de valorização, que Marx chama de "pletora do capital", em suas palavras,

> surge das mesmas circunstâncias que provocam uma superpopulação relativa e, por isso, é um fenômeno complementar desta última, embora ambas estejam em polos antitéticos, capital desocupado de um lado e população de trabalhadores desocupada do outro. (Marx, 1984, p. 189)

Uma conclusão que podemos tirar dessas informações todas é que a voracidade do capital só se faz aumentar, e quanto mais a acumulação enfrenta obstáculos, mais predatória ela se torna. E isso mais uma vez confirma as análises de Marx. Lembremos de um trecho do primeiro livro d'*O capital*, que apesar de longo vale a pena ser citado:

> [...] Cada progresso da agricultura capitalista não é só um progresso na arte de saquear o trabalhador, mas ao mesmo tempo na arte de saquear o solo, pois cada progresso no aumento da fertilidade por certo período é simultaneamente um progresso na ruína das fontes permanentes dessa fertilidade. Quanto mais um país, como, por exemplo, os Estados Unidos da América do Norte, se inicia com a grande indústria como fundamento de seu desenvolvimento, tanto mais rápido esse processo de destruição. Por isso, a produção capitalista só desenvolve a técnica e a combinação do processo de produção social ao minar simultaneamente as fontes de toda a riqueza: a terra e o trabalhador. (Marx, 1996, p. 133)

Assim, o movimento do capital é um movimento de destruição da classe trabalhadora e do meio ambiente. E quanto mais ele avança, mais devastação produz, a ponto de ameaçar a própria sobrevivência da humanidade e de tantas outras espécies.

Em suma, as atuais ondas de desemprego, miséria, desigualdade de renda e de propriedade, endividamento, especulação financeira e imobiliária, espoliação e pilhagem dos trabalhadores e do meio ambiente, tudo isso não é um desvio, ou um acidente de percurso. É um desdobramento e uma exacerbação da lógica do capital. Por conta disso, não adianta acender uma vela para Keynes, ou alimentar ilusões social-democratas. O capitalismo revela, nos dias de hoje, a sua verdadeira face, que é horrenda e só pode prometer mais exploração, mais destruição da natureza, mais desigualdade, mais repressão contra os que lutam. Esse seu longo declínio só atiça seu caráter predatório e sua violência, de tal forma que a própria existência da humanidade é colocada em questão pela escalada bélica e pela degradação ambiental.

É preciso conhecer a natureza íntima do inimigo para melhor combatê-lo, e é essa natureza que a análise de Marx revela e disseca. Este livro é um convite para aprender com ele, e para renovar esse projeto de crítica e de prática revolucionária, diante dos enormes desafios que se colocam hoje.

Referências

FAO-ONU. *The State of food security and nutrition in the world 2021*. Disponível em: http://www.fao.org/3/cb4474en/online/cb4474en.html#. Acesso em: 5 out. 2021.

HARNETT, I. The coming regime shift towards capital-heavy companies, 15/06;2021. *Financial Times*. Disponível em: https://www.ft.com/content/882dd72f-56a3-4482-87c8-e95bc54be27c. Acesso em: 5 out. 2021.

INSTITUTE OF INTERNATIONAL FINANCE. Global Debt Monitor. Covid Drive Debt Surge, 2021. Disponível em: https://www.iif.com/Research/Capital-Flows-and-Debt/Global-Debt-Monitor. Acesso em: 5 out. 2021.

INTERNATIONAL LABOUR OFFICE. *World Employment and Social Outlook: Trends 2021*. Geneva: ILO, 2021.

MARX, K. *Capital: crítica da economia política*. Livro III, Tomo I. (Coleção *Os Economistas*). São Paulo: Nova Cultural, 1984.

MARX, K. *Capital: crítica da economia política*. Livro III, Tomo II. (Coleção *Os Economistas*). São Paulo: Nova Cultural, 1986.

PRADO, E. F. S. Do futuro da economia mundial, 2021a. *Economia e Complexidade* (blog do autor). Disponível em: https://eleuterioprado.blog/2021/07/26/do-futuro-da-economia-mundial/. Acesso em: 5 out. 2021.

PRADO, E. F. S. Michael Roberts e a crítica do keynesianismo (Parte I), 2021b. *Economia e Complexidade* (blog do autor). Disponível em: https://eleuterioprado.blog/2021/07/05/michael-roberts-e-a-critica-do-keynesianismo/#more-3006. Acesso em: 5 out. 2021.

PRADO, E. F. S. O capitalismo se tornou insustentável, 2021c. *A Terra é Redonda*. Disponível em: https://aterraredonda.com.br/o-capitalismo-se-tornou-insustentavel/. Acesso em: 5 out. 2021.

ROBERTS, M. The sugar rush economy, 2021. The Next Recession (blog do autor). Disponível em: https://thenextrecession.wordpress.com/2021/03/21/the-sugar-rush-economy/. Acesso em: 5 out. 2021.

SCHORROCKS, A. *et al*. Global wealth report 2021. Credit Suisse, 2021. Disponível em: https://www.credit-suisse.com/about-us/en/reports-research/global-wealth-report.html. Acesso em: 5 out. 2021.

Sobre os autores

Adriano Lopes Almeida Teixeira
Doutor em Economia pela Universidade Federal de Minas Gerais (UFMG). Professor do Departamento de Economia e do Programa de Pós-Graduação em Política Social (PPGPS) da Universidade Federal do Espírito Santo (Ufes).

Fábio Campos
Doutor em Desenvolvimento Econômico pelo Instituto de Economia da Universidade Estadual de Campinas (Unicamp). Professor e pesquisador do Núcleo Institucional de História Econômica (NIHE) e do Centro de Estudos do Desenvolvimento Econômico (CEDE) da mesma instituição.

Gustavo Moura de Cavalcanti Mello
Doutor em Sociologia pela Faculdade de Filosofia, Letras e Ciências Humanas da Universidade de São Paulo (USP). Pós-doutor em Sociologia pela Unicamp. Professor do Departamento de Economia e do Programa de Pós-Graduação em Política Social (PPGPS) da Ufes.

Helder Gomes
Doutor e Pós-doutor em Política Social pela Ufes. Professor no Programa de Políticas Públicas e Desenvolvimento Local na Escola Superior de Ciências da Santa Casa de Misericórdia de Vitória (Emescan).

Henrique Pereira Braga
Doutor e mestre em Ciências Econômicas pela Unicamp, com período de doutorado sanduíche na Universidade de Chicago. Professor Adjunto do Departamento de Economia da Ufes.

Lívia de Cássia Godoi Moraes
Doutora em Sociologia pela Unicamp. Pós-doutora em Política Social pela Ufes. Professora do Departamento de Ciências Sociais e do Programa de Pós-Graduação em Política Social da Ufes. Coordenadora do Grupo de Pesquisa Trabalho e Práxis. Pesquisadora do Grupo de Estudos Críticos em Processos Sociais.

Mauricio de Souza Sabadini
Doutor em Economia pela Universidade Paris 1 Panthéon-Sorbonne, pesquisador do CNPq. Professor do Departamento de Economia e do Programa de Pós-Graduação em Política Social (PPGPS) da Ufes.

Merci Pereira Fardin
Graduado em Agronomia pela Universidade Federal de Viçosa (UFV). Mestrado em Política Social e doutorando em Geografia pela Ufes.

Olga Pérez Soto
Doutora em Ciências Econômicas pela Universidade de Barcelona. Professora Titular da Faculdade de Economia da Universidade de Havana. Foi Professora Visitante Estrangeira no Programa de Pós-Graduação em Política Social da Ufes entre 2016 e 2018.

Paulo Nakatani
Doutor em Economia pela Universidade de Picardie e Pós-doutor pela Universidade de Paris XIII. Professor do Departamento de Economia e do Programa de Pós-Graduação em Política Social da Ufes, membro do Observatório Internacional da Crise e ex-presidente da Sociedade Brasileira de Economia Política (2008-2012).

Pedro Rozales Rodero Dominczak
Mestre e doutor em Política Social da Ufes, e formado em Ciências Sociais pela Pontifícia Universidade Católica/São Paulo (PUC-SP). Professor de sociologia do Ensino Médio na rede estadual do Espírito Santo.

Rafael Breda Justo
Mestre em Economia pela PUC-SP, e Doutorando em Política Social pela Ufes com período de Visiting Researcher na Faculty of Social Science & Public Policy, do King's College de Londres.

Victor Neves
Doutor em Serviço Social pela Universidade Federal do Rio de Janeiro (UFRJ). Professor do Departamento de Teoria da Arte e Música e do Programa de Pós-Graduação em Política Social (PPGPS) da Ufes. Educador popular do NEP 13 de maio. Coordena o grupo de pesquisa Política, Ideologia e Estratégias de Transformação Social (PIETRA/Ufes).

Este livro foi composto com tipografia Adobe Garamond Pro e Frutiger LT Std, e impresso em papel B-ivory 65g (miolo) e papel MetsäBoard PRIME FBB Bright 235g (capa) na gráfica Paym, para a editora Expressão Popular, em novembro de 2021.